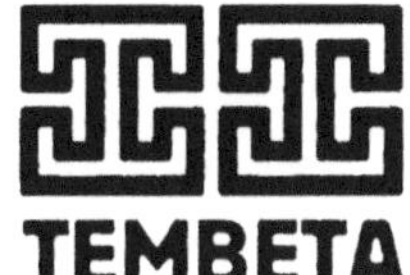


# JAIDER ESBELL

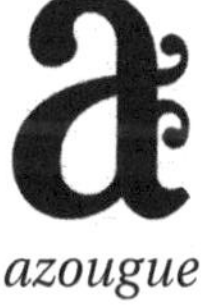

Organização da coleção Tembetá
**Kaká Werá, Idjahure Kadiwel e Sergio Cohn**

Projeto gráfico e foto
**Sergio Cohn**

**ISBN** 9786586962338

**Azougue Press**
**Coordenação geral** Sergio Cohn
**Brasil** | CNPJ 12.272.339/0001-26
**Portugal** | NF 515805394
**USA** | E. Id. 803650511
**Coordenação editorial** Sergio Cohn | Darien Lamen
**Chile** | Tucán Ediciones RUT 77.369.106-1
**Coordenação editorial** Sergio Cohn | Cristián Jiménez Plaza

**Azougue Press: mais que uma editora, uma ponte entre culturas**

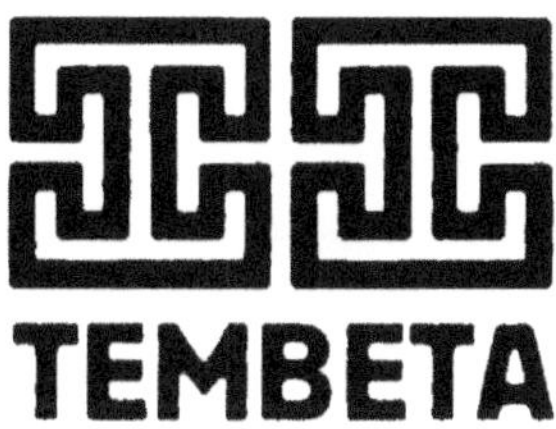

**TEMBETA**

A coleção Tembetá traz a trajetória de pensadores indígenas no Brasil que têm contribuído para a cultura, a educação, os direitos humanos e a ecologia nos últimos quarenta anos. São personalidades que têm dedicado suas vidas a causas que vão além das suas respectivas culturas e que têm sensibilizado a sociedade humana como um todo.

A palavra tembetá é de origem tupy. Trata-se de um adorno usado no lábio inferior no rito de passagem que indica maturidade e capacidade de pensar e falar pelo seu povo. Por isso foi escolhido como símbolo desta coleção. Quando observamos a história oficial do Brasil até o início da década de 1990, praticamente toda a literatura e os documentos sobre os povos originários foi produzida pelos ditos "conquistadores" e seus descendentes. Foram raríssimas as vezes em que os próprios nativos falaram representando suas raízes, valores e visão de mundo.

A ideia central do projeto é dar voz narrativa àqueles que trazem a marca da ancestralidade em sua jornada de vida neste país. Para isso, cada edição reunirá intervenções escritas e orais (entrevistas, palestras e depoimentos) de grandes pensadores e pensadoras indígenas surgidos no Brasil desde a década de 1970.

A trajetória dos líderes, pensadores, ativistas e artistas escolhidos para compor a coleção serão disponibilizadas com o intuito de promover reconhecimento, reflexões, inspirações, e sobretudo apontar as contribuições de culturas milenares do Brasil representadas por alguns de seus expoentes.

É preciso dizer que hoje no Brasil são cerca de 380 povos chamados indígenas, cujas origens remontam de 5 mil a 12 mil anos. Quase um milhão de remanescentes, dos quais algo em torno de 450 mil pessoas habitam as florestas e os demais habitam centros urbanos em praticamente todos os estados brasileiros. Além disso, pesquisas da UFMG (Universidade Federal de Minas Gerais) de 2005 na área da genética apontam que 63% do povo brasileiro considerado "branco" tem origem tupy. Ou seja, no país temos presentes raízes de culturas ancestrais nas mais diversas matizes de mestiçagem e ao mesmo tempo não damos voz histórica aos remanescentes destas origens. Isso causa uma sensação de negação de um si mesmo coletivo que reflete também na negação dos direitos humanos das gerações atuais que insistem em viver de acordo com seus valores e visões de mundo. Talvez o Brasil seja o único país do mundo que considera "estrangeiro" o nativo, e nativo o estrangeiro.

O desconhecimento das "vozes ancestrais" é oportunizado negativamente por uma parcela da sociedade com o preenchimento de um imaginário de destituição de dignidade dos descendentes das culturas milenares desta nação plural e diversa hoje chamada Brasil. Constantemente exploradores de minérios, senhores dos agrotóxicos (envenenadores da terra), cultivadores de experiências transgênicas, desmatadores da vida, difundem uma ideia pejorativa, folclórica e negligente de toda uma riqueza imaterial presente no modo de ser e de pensar destes inúmeros povos. Por isso esta coleção é mais de que uma publicação de uma série de livros. É dar voz a um Brasil que também somos.

**Kaká Werá, organizador da coleção**

# ENTRE-VISÕES



## SOBRE-VISÕES



## COSMO-VISÕES

Nina Vincent

Recebi com grande alegria a oportunidade de apresentar o volume da coleção Tembetá dedicado a Jaider Esbell. É um grande desafio introduzir alguém que apresenta tão bem a si mesmo, expondo sua complexidade com uma escrita tão sofisticada. Nossa aproximação se deu no contexto da pesquisa que desenvolvo para meu doutorado em Antropologia sobre as relações entre arte indígena e arte contemporânea – dois termos um tanto artificiais que elefunde com grande habilidade – e o encontro vem se transformando em diálogo, parceria e amizade. Jaider Esbell é um artista múltiplo, transita por diversas mídias, alia arte, vida e ativismo, além de ter se tornado uma inspiração e referência para muitos indígenas e não-indígenas também.

Vi suas obras pela primeira vez na exposição *!MIRA! – arte visuais contemporâneas dos povos indígenas* (2013), pioneira na apresentação de artistas indígenas contemporâneos no Brasil. Então, como muitos dos que conhecem o trabalho de Jaider Esbell, eu o abordei pelo Facebook. A profusão de textos, imagens e pensamentos publicados em seu perfil cativa e perturba muita gente, nessa dimensão infinita do mundo virtual. Do reconhecimento desta rede em constante expansão veio o apoio que o levou a conquistar o Prêmio Pipa de arte contemporânea na categoria online em 2016. Este prêmio lançou luz sobre seu trabalho nas artes visuais e também na literatura. Também lhe deu o impulso que faltava para se dedicar exclusivamente à arte, ser "só artista", coisa difícil de definir, mas que parece lhe cair tão facilmente e bem.

Hoje vemos cada vez mais indígenas produzindo arte a partir da incorporação de técnicas, materiais e referências aprendidas no contato com a cultura ocidental. Suas obras diferem dos objetos de uso cotidiano e ritual produzidos nas aldeias fabricados com outros fins que não a simples apreciação e que, muitas vezes vão parar em museus etnográficos, retirados de seu contexto original, inseridos à revelia nos padrões ocidentalizados de museu/arte. No caso de criadores como Jaider Esbell, trata-se da produção de obras criadas com a intenção de serem exibidas, de serem arte, assinadas por eles como artistas. A afirmação da autonomia do indivíduo é importante para romper com a noção simplista das culturas indígenas como puras coletividades.

Mas não é possível compreender estas obras apenas a partir de referenciais ocidentais de arte e estética, uma vez que são profundamente ligadas a outras tradições de pensamento e regimes de produção de imagem. São criações que dialogam com o referencial cultural, cosmológico e estético de suas culturas de origem, tensionando as fronteiras tanto da cultura material e imagética tradicional dos povos indígenas quanto do campo estabelecido da arte. Usando telas, pintura, desenhos, filmes, fotografia, design gráfico, performances, música de todos os gêneros, cada artista cria seu universo próprio e sua maneira de se relacionar com as referências cosmológicas, ancestrais, espirituais e as práticas expressivas ameríndias, articulando-as e confrontando-as às referências consideradas "dos brancos". Esse movimento acompanha também o acesso à universidades e pós-graduações, o fortalecimento da voz indígena na política, nos movimentos sociais e demais espaços de fala.

Neste contexto, a produção de Jaider Esbell se transforma em ativismo político e atesta a contemporaneidade, dinâmica e vivacidade das culturas indígenas, desconstruindo estereótipos do indígena parado no tempo, necessariamente isolado e que produz objetos reproduzidos de acordo com uma tradição coletiva estática e sem autoria. Jaider Esbell é um grande expoente e impulsionador da Arte Indígena Contemporânea no Brasil, surgindo em meio a disputas de narrativa, inserindo-se em um campo do qual se exige reconhecimento, mas que também se espera poder criticar e reinventar, produzindo uma arte que se nutre do passado, finca os pés no presente e está sempre de olho no futuro.

Com seu povo, os Macuxi, tem uma relação de respeito e parceria, além de um profundo sentimento de pertencimento. Percebi a força de seu vínculo ao visitar com ele uma das comunidades da Terra Indígena Raposa Serra do Sol no estado de Roraima. Essa é a terra conquistada pelos Macuxi, Wapixana, Ingarokó, Taurepang e Patamona após uma luta árdua desde a colonização até 2005, quando finalmente foi homologada em área contínua. Aos pés do Monte Roraima, na tríplice fronteira com a Guiana e a Venezuela, sente-se a brutalidade destas linhas artificiais de separação que atravessaram os povos indígenas. A batalha destes povos se tornou um marco na história do movimento indígena e do Brasil, país que ignora sistematicamente os direitos dos povos originários. A luta contínua por reconhecimento e manutenção do direito à terra e a uma vida digna marca profundamente a trajetória e os trabalhos de Jaider Esbell.

Suas primeiras aventuras artísticas se deram na literatura. Dos mitos e histórias que escutou de seu avô na infância, surgem contos, "neo-mitos", bricolagens de personagens e acontecimentos transformados por sua poética autoral. Com o tempo, sua escrita ganha mais propriedade e transita por gêneros e registros, do mais coloquial ao mais rebuscado, do humor desbundado à reflexão filosófica. A perspectiva indígena permanece, mas os assuntos se diversificam. Depois de receber um Prêmio da Funarte para sua primeira publicação, publicou mais dois livros e tem outros a caminho, além de escrever para revistas e outros meios de divulgação na internet.

Nas artes visuais, vem desenvolvendo um estilo próprio de desenho e pintura, elegendo algumas técnicas favoritas, como o uso da caneta Posca em papel preto, mas sempre aberto à inovação e ao improviso. Seu traço é decidido, veloz e abundante. Sua criação bebe na fonte, busca as raízes, mas não tem receio em alçar vôo e partir pra longe. A cosmologia macuxi aparece com força, sempre retrabalhada de forma íntima e pessoal.

Daí vem sua empreitada de transformação de Makunaima, uma das figuras míticas Macuxi, que tanto povoa o imaginário moderno brasileiro por ter sido personagem central da obra de Mario de Andrade. Mas o Makunaima de Esbell é outro. É o dos

Macuxi, mas é também o seu próprio, seu avô, um ser amplificado, fonte de inspiração, sabedoria, conhecimento e um companheiro em suas viagens. Desta forma, trazendo Makunaima, os parixaras, e tantos outros seres que povoam o mundo Macuxi, trabalha uma atualização da cosmologia e uma relação com a memória e a identidade.

Em suas telas vemos o que é visível e invisível na Amazônia: plantas, frutos, animais, gente, entidades, encantados, espiritualidade, atividades cotidianas, conflitos, destruição. A defesa do meio-ambiente e da vida na floresta é um de seus valores mais caros. Esbell se serve de sua arte para alertar a todos sobre a devastação da natureza e dilemas da vida contemporânea como a produção desenfreada de lixo. Em torno disso articula escrita, desenho, produção audio-visual e vivências.Já expôs em diversas mostras coletivas e individuais no Brasil e no exterior, e fez curadoria de exposições reunindo artistas indígenas de Roraima.

Desde 2016 tomou como missão de vida levar sua arte para os mais diversos recônditos dentro e fora do país. Com sua capacidade impressionante de articulação, parte para viagens que espalham e alimentam seu fazer artístico. Não são poucos os artistas que encontram no deslocamento, no desbravar de espaços distantes dos seus, inspiração para sua criação. Vários, inclusive, procuram comunidades indígenas e se encantam com modos de viver e fazer tão "exóticos". A trajetória de Jaider Esbell subverte este movimento: agora é o indígena, artista, que viaja por aí, levando seus pensamentos e trabalhos, suas provocações e propostas. Em seu rastro desfaz-se o estereótipo do indígena isolado e aparece o indígena conectado, que segue tecendo redes de relações, criando conexões nos mais diversos níveis, através da arte. Sua itinerância corajosamente autônoma passa por aldeias, escolas, universidades, museus, cidades do Brasil e do exterior, mata, roça, rua, rio, prédio, ponte, lixão. Com ele todo lugar é rico, toda hora é trabalho, toda arte é vida.

Jaider Esbell é uma explosão. Explosão de palavras, emoções, cores, pensamento veloz e certeiro. Já não sei quantas vezes, após uma fala sua, alguém comentou comigo que acabara de ouvir tudo o que precisava e nem sabia. A facilidade com que inicia um novo desenho e com que escreve um novo texto é impressionante. Isso pode acontecer com o bloco de papel canson apoiado numa mesa de jantar, ou digitando reflexões profundas na pequena tela de um smartfone. Todo momento é propício para a criação e a comunicação. As emoções estão sempre à flor da pele, ou, como ele diz na entrevista que abre este livro, "à flor da terra". Nessas terras que Jaider não cessa de percorrer.

Seguindo de perto ou de longe suas andanças vou aprendendo muitas coisas sobre a figura de Jaider Esbell, seus amigos, parentes, os seres que ele cria e recria, sobre ser indígena hoje e sobre trabalhar junto, colaborar. Jaider busca diálogo com os indígenas e não indígenas. Fala pra dentro e pra fora, para o "grande mundo", confundindo mesmo a noção de "dentro" e "fora". Tem recados e chamadas para todos. Ainda que esteja quase sempre em trânsito, segue vivendo em Roraima, entre Boa Vista – onde tem uma galeria de arte e é um agitador cultural - e o lavrado estarrecedor da grande savana amazônica.

O processo de descolonização do mundo da arte passa, certamente, por um necessário diálogo e embate com visões superficiais sobre os indígenas e a arte indígena, mas também por uma transformação fortalecedora entre indígenas. A trajetória e os pensamentos de Jaider Esbell reunidos neste livro contribuem para essa conscientização e reflexão, chamando para ação e afirmação de uma voz própria, combatendo a manutenção de relações expropriadoras de imagens, narrativas e corpos tão comuns na arte brasileira, em sua busca por inspiração para formular o que seria uma arte propriamente nacional. Com esta edição, esperamos que mais gente possa mergulhar no surpreendente universo de Jaider Esbell e, assim, ampliar seus horizontes, rever conceitos e preconceitos, se reconhecer em outro, descobrir a si mesmo. Através da arte, ele afirma, o indígena pode "sair da invisibilidade e entrar no universo de pensador". Disponibilizando seus escritos, falas e pensamentos sobre sua arte e o mundo, desejamos, como ele diz, "ir um pouco além da mera visualidade e possibilitar uma outra forma de lidar com o mundo".

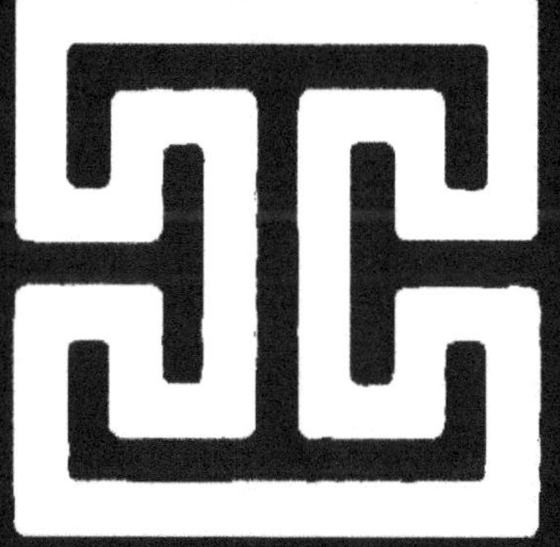

# ENTRE-VISÕES

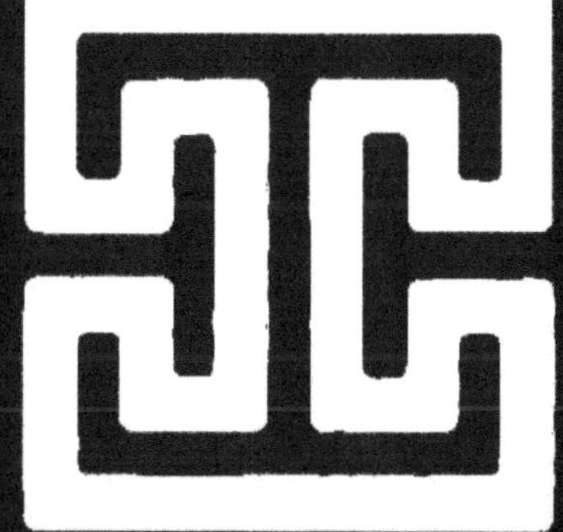

Entrevista por Nina Vincent e Sergio Cohn,
em dezembro de 2017

**Jaider, para começar, você poderia falar sobre a sua infância?**

Bom, a minha infância eu passei numa área que hoje é parte da Terra Indígena Raposa Serra do Sol. Era uma propriedade familiar, uma posse de terra dos meus tios, onde a gente morava como uma espécie de doação da família, porque não tinha terra própria. Eu, a minha mãe, o meu pai e as minhas irmãs. Toda a minha infância foi nesse contexto, com uma relação próxima à comunidade de origem da minha avó, a minha família Makuxi, que ficava logo ao lado. Não era um contexto urbano ou de aldeia, mas um sítio multifamiliar, com uma ligação afetiva e parental muito próxima dessas comunidades tradicionais. Mas tínhamos acesso direto também à vila de Normandia, que ficava perto. Minha infância foi toda preenchida por esse cenário.

Fui alfabetizado em casa, pela minha mãe e minhas irmãs, e entrei na escola aos seis anos de idade para dar sequência aos estudos. A partir daí, minha vida se preenche basicamente desses dois momentos: um período para estar na escola e outro período estar imerso nessa vida comunitária. Foi assim que criei o meu olhar de adulto, a partir de toda essa referência de pertencer a uma família que cultiva a agricultura familiar, que trabalha na criação de bovinos e pequenos animais e que faz toda a sua economia através disso. Toda uma série de atividades que está diretamente relacionada ao cultivo da terra. E fazendo a relação de troca com produtos industrializados da cidade, como óleo, açúcar e outros gêneros que não se conseguia produzir em casa.

Meu pai e minha mãe nunca trabalharam diretamente como empregados para ninguém. Minha mãe nunca foi doméstica, nem nunca trabalhou para outro tipo de emprego para o Estado ou coisa assim. E o meu pai trabalhou muito como pedreiro, era um pedreiro muito habilidoso na região. Boa parte da renda da família foi conseguida através desse serviço, do qual eu também acabei fazendo parte. Trabalhei ajudando ele e assim desenvolvi essa habilidade manual para construção. Faz parte da minha formação e inclusive da minha infância. A minha infância é permeada por muito trabalho, muita dedicação à escola e um sentido muito próprio de infância, que é uma infância preenchida por afazeres e também por toda uma conjuntura de práticas e ambientes de vida coletiva que pressupõe um outro tipo de aprendizado para além da escola.

Minha família viveu naquela região por todo esse tempo, desde a ancestralidade. Especialmente a família da minha avó. E daí já se vê o reflexo da colonização, com a fragmentação dessa relação direta com a estrutura de comunidade e também com a prática linguística, com a fala da língua Makuxi. Tem todo esse distanciamento da raiz da cultura, por essa experiência de viver bem próximo de uma realidade colonizada. Meu avô foi empregado de fazenda dos colonos, dos colonizadores, e foi criado como um adotado, um agregado na família. Mas sem nunca ter, de fato, um tratamento como membro, com a dignidade de uma pessoa que faz parte da família. Manteve toda a relação de empregado e hoje a gente pode avaliar com clareza que foi sim um trabalho de escravidão, de exploração infantil. Isso fica claro quando a gente olha através dos valores que conhecemos hoje, à luz do direito e da relação entre seres humanos de culturas diferentes.

Eu cresço nessa conjuntura, tendo esse contato muito próximo com a agricultura familiar, com a roça. Eu venho de uma família que se especializou na habilidade de fazer farinha e de trabalhar os derivados da farinha. A minha família é até hoje referência por fazer uma farinha de altíssima qualidade. E a gente produzia muito, tanto para consumo próprio quanto para vender o excedente, de onde a gente complementava a renda para o meu pai e minha mãe criarem os seus onze filhos. Havia também um componente muito forte de caça e pesca, que são elementos dessa relação direta com a natureza. A gente vivia de aprendizados que remetem a uma vivência anterior, embora fragmentada, de uma prática cultural com uma raiz mais direta com os povos tradicionais. De onde talvez também tenha se firmado muito fortemente a habilidade que os próprios nordestinos têm de cultivar a terra.

A minha infância veio muito marcada por uma educação nordestina, que me remete até a uma herança coronelista muito latente. Peguei palmatória da minha mãe, por exemplo, e muita surra mesmo, bastante violenta, por ela também ter sido educada dessa forma. Havia essa cultura de violência bruta na relação de mães com filhos. Essa relação de bastante violência da minha mãe é uma coisa que me intrigou por muito tempo, ao ponto de buscar uma compreensão, até entender que era sim uma herança cultural, de uma cultura herdada, de uma cultura do coronelismo. Eu fui educado dentro desse contexto, da violência, até por um excesso de rebeldia da minha parte, porque minha vida vem carregada de uma vontade extrema de buscar a liberdade e isso pressupõe, muitas das vezes, contrariar uma ideia de ordem, de normas de comportamento.

Eu nasci em 1979, na cidade de Normandia. Minha mãe foi me ganhar no hospital. Eu não nasci em casa, nasci no hospital, na sede do município de Normandia. E em seguida retornei para nossa área, um território que, depois da demarcação, ficou dentro da TI Raposa Serra do Sol. Hoje a minha família já não vive mais lá. Vive fora do território indígena, numa terra própria. Mas ter acompanhado a criação da Raposa Serra do Sol é algo que tem diretamente relação com o meu trabalho hoje, de consciência de arte e militância, e nessa consciência maior de reconhecer os direitos do movimento organizado indígena, do povo constituído em si.

E isso vem em contraponto com a outra parte da minha infância, marcada pela escola e pela igreja. Passei boa parte da minha infância dentro da igreja, recebendo toda uma atenção que visava uma catequização mesmo. Cheguei ao extremo de viver intensamente o movimento da renovação carismática, que me levou pela primeira vez para São Paulo. Eu fiz uma viagem durante o dia, de sobrevoo, num avião não muito grande, onde foi possível ver a dimensão toda da grandiosidade da Amazônia e dos nossos territórios brasileiros. A gente saiu de manhã de Roraima e chegou a São Paulo à noite. Foi uma viagem importante para ter a dimensão visual da grandiosidade do território brasileiro.

Eu vivi até os 18 anos em Normandia, dentro desse pequeno universo de comunidade e vila. E então eu mudei para a capital do estado de Roraima, Boa Vista. Até a mudança, eu vivi esse interfluxo da vida no interior, de estar em relação direta com as comunidades, nas malocas, com os oprimidos e também com os opressores. Eu passei por atividades diversas, como ser vaqueiro, viajando junto com os vaqueiros, indo para as fazendas que muitas vezes repreendiam e oprimiam as comunidades vizinhas. E muito próximo da igreja também, que estava muito presente aos indígenas nessa época. E passava muito tempo na escola, onde busquei com uma dedicação focada ter um destaque, para que talvez se apressasse um pouco o prazo de chegar além, de conquistar o meu espaço. Era sempre uma curiosidade de chegar além. E foi essa curiosidade que na infância me trouxe essa vontade, esse impulso de ser um contador de histórias. E foi a partir disso que depois eu conheci a minha habilidade com desenho e ao mesmo tempo com a produção textual. Havia um rigor, especialmente atribuído à minha mãe por me cobrar muita leitura, muita interpretação de textos, boa caligrafia. Eu acabei despertando um amor fantástico pela literatura.

Voltando um pouco na memória, eu lembro que aos cinco, seis, sete anos, ouvia mitos e lendas do meu avô Makuxi. Isso marcou fortemente toda essa ordenação da minha vida. Foi quando eu comecei a sentir uma vontade e um impulso muito fortes de querer ser um contador de histórias. E a partir daí, começar a nortear toda a minha vida, toda a minha saga, ainda muito infantil, para buscar essa possibilidade de descobrir de fato como trabalhar essa vontade de ser um contador de histórias. Me veio muito cedo a educação escolar como um recurso de busca, e é nisso que eu vou investir todo o meu esforço. De certa forma, hoje, eu consigo até ver que foi uma espécie de segredo estratégico para mim mesmo, para poder trabalhar toda uma estrutura, para lá na frente falar dessas questões e de fato assumir esse ser artista que hoje já consegue ter vida própria e ter uma ambiência de existência.

**Você falou da fragmentação da língua, que vocês eram um pouco apartados da língua Makuxi. O seu avô ainda falava Makuxi?**

Não, o meu avô já não falava, porque ele foi da primeira geração de proibição. Quando os índios eram adotados, a primeira ordem era abandonar a língua, pela razão de oferecer perigo de articulação e rebelião entre os índios nas fazendas. Então a partir da geração do meu avô já não se fala mais a língua. Minha mãe também não, e, consequentemente, eu também não falo. E embora a língua Makuxi esteja viva e salva, a minha família não fala ela, assim como muitas famílias de Makuxis também não falam, por esse distanciamento histórico, conjuntural, de contato. E as comunidades que têm se mantido e constituído nessa ideia de resistência e solidez, até de certa forma através de um isolamento, uma proteção, têm salvado a língua Makuxi. E hoje têm conseguido, através de aulas de língua mesmo, e através da produção de dicionários e textos de material educativo, disseminar ainda mais a língua. De forma que a língua Makuxi está fora de risco de se perder, está viva e cada vez mais sólida.

Então a relação com a língua, pra mim, enquanto artista, ela acaba sendo não irrelevante, mas dentro de uma ideia de prioridade, eu prefiro prestigiar ou privilegiar um tempo que eu tenho para estudar inglês, que é para eu me comunicar com o mundo inteiro, para que eu consiga um foco, um direcionamento para o meu trabalho. Quanto mais longe eu alcançar com o inglês, mais poderei dizer que os Makuxis existem, que estão vivos, que têm toda uma trajetória para ser contada, para ser acessada e contextualizada. De modo que eu foco meu trabalho mais nesse sentido de propagação da cultura Makuxi. No meu trabalho é importante a divulgação e diálogo, pensando-a como uma existência maior do que apenas na sua base de origem, dentro de circum-Roraima, que é a transfronteira Brasil-Venezuela-Guiana.

Eu meio que furo toda essa ideia de uma tribo isolada, de uma tribo muito reservada em si mesma, e vou além disso, digo ao mundo que realmente esse povo existe e está lá todo constituído, e que tem toda uma política de acesso, de conquista, de convivência, e todo um histórico documental para contar a história do povo em si mesma. E também a sua atuação política dentro dessa formação maior da identidade do movimento brasileiro. Então o meu trabalho vem dentro dessa possibilidade de ser um agente de um pensamento autônomo, enquanto um cidadão brasileiro e indígena. Porque tem toda essa identidade do "índio", que é necessária mais para o Estado do que para nós mesmos. Nós não cobramos de nós mesmos a auto-identidade. Essa cobrança sempre vem externa, e acaba chegando para nós fortemente, para que a gente se assuma, de fato, cada vez mais indígena, ou mesmo índio, como se fala, para equilibrar o peso social e valorizar nossos papéis. E hoje o meu trabalho tenta ir além disso, e com isso alcançar vários níveis de mídias.

**Quando foi que você começou a entender que existia de alguma forma um movimento indígena, ou como diz o Ailton Krenak, "índios em movimento"? Que existia uma luta sendo feita?**

Essa questão entrou primeiro pela porta da frente da minha casa, chegou ao nosso terreiro. Eu vi os índios da região fugindo da perseguição do fazendeiro que era nosso vizinho. Essa ideia de que havia uma guerra de fato ficou clara para mim quando eu vi uma situação em que eu estava sozinho com os meus irmãos menores, o que era um hábito sempre nosso, de a mãe e o pai sair e deixar o mais velho cuidando dos irmãos. Eu fiz muito essa função em toda a minha vida e isso de certa forma me ajudou muito a amadurecer. E eu vi esse conflito, a fuga dos índios, numa dessas ocasiões em que eu estou só com os irmãos menores dentro de casa. Naquela época eu já ouvia muitos burburinhos, rumores da guerra com o fazendeiro. Estou falando da região do município de Normandia, especialmente no conflito da fazenda Guanabara, que tem seu apogeu, sua culminância no ano de 1986. Eu era criança quando se acirraram os conflitos. Logo em seguida, conseguiu-se a retomada da região judicialmente.

Foi nesta época que minha mãe começou a me levar para visitar a comunidade de Santa Cruz, que ficava perto de nossa casa, atrás de uma serra. Nessa época, a fazenda estava em conflito, toda cercada, cheia de jagunços. Era impossível cruzar a área para visitar as comunidades, então a gente atravessava por cima da serra. Eu ia sozinho com a minha mãe, já que meus irmãos e outras pessoas da família não se interessavam, ou tinham medo e acabavam não se envolvendo. Eu ia com minha mãe levar mantimentos, coisas para trocar, para ver também o que estava acontecendo de fato. Foi quando eu vi toda essa comunidade inteira desarticulada, triste, com medo, acuada. Realmente um estado de exceção, cerceados do direito de transitar livremente, numa situação complicada de abastecimento. Eu fui entendendo assim a dimensão maior dessa questão política, e fui abrindo essa perspectiva de que havia um movimento político em torno da questão indígena. Então muito cedo essa ideia do movimento, de uma necessidade de uma atuação política, de tomar um partido, ficou muito clara para mim.

E isso tudo foi muito importante para a construção posterior do meu trabalho, da minha identidade artística, da minha identidade poética, da minha identidade de pensador. Porque essa identidade vem dessa trajetória de luta, de movimento, de conquista. E sempre vendo as novas ondas de ataques deliberados a esses direitos conquistados dos povos indígenas. Ataques que pedem novamente respostas da comunidade organizada. E, pelo que a gente vê, as lideranças tradicionais estão cansadas, pedindo o socorro de uma nova energia dentro do movimento. O que pressupõe, dentro do meu ponto de vista, que o movimento tradicional tem que buscar uma reinvenção, uma oxigenação em si mesmo. E com certa urgência de enxergar novas perspectivas.

No meu caso, eu acredito que contribuo para isso dentro de uma proposta nova de resistência contemporânea, tanto dentro do mundo indígena quanto do mundo branco, através da figura do índio artista. A figura do índio artista vem reivindicando um espaço de existência apropriado para a arte se manifestar. E que traz uma possibilidade muito grande de um pensamento novo. Num momento em que a arte está sendo cerceada por movimentos políticos e religiosos, isso tudo é uma grande resistência, porque há a tentativa de se descaracterizar, de desmoralizar e de criminalizar toda arte que foge do habitual. E é essa habilidade estratégica que me interessa, a de escapar da generalização do ser como homogeneização, não permitir que se retire as particularidades, as individualidades, os diferentes sentidos de cada pessoa e cultura.

**Nas suas falas, é muito frequente a ideia de deslocamento, de movimento pelos territórios. Como você vê isso no seu trabalho, na sua formação como geógrafo, no seu pensamento?**

A curiosidade é uma coisa que sempre guiou a minha vida. Ver uma árvore bonita e querer saber se a próxima árvore é tão bonita assim. E você vai se deslocando, vai chegando mais próximo, e daí vê uma montanha e quer saber como é a outra montanha que está atrás. É essa curiosidade que vai me levando. E foi ela que me fez decidir sair de Normandia e me deslocar para Boa

Vista. Essa busca, esse encantamento que pode vir com o novo. Eu mudei para Boa Vista aos 18 anos, e a primeira coisa que fiz foi buscar uma instalação, um lugar para viver, para ter um sustento. Porque eu venho de uma família, eu não diria pobre, mas que vive somente com o dinheiro produzido para o sustento da sua unidade domiciliar. Então eu não teria muito como contar com o apoio dela. Era preciso buscar uma autossustentação mesmo. Eu mudo para a cidade e vou atrás de trabalho. Faço um concurso público e me estabeleço como funcionário federal. É um trabalho que vai me acompanhar até 2016.

E aí, logo depois de ter conseguido esse trabalho concursado, me vem o tempo e a atenção de ir buscar uma formação em ensino superior. Por gostar muito da natureza, também tive uma vontade muito grande de ser engenheiro florestal, mas não tinha esse curso lá em Roraima. Teve até uma possibilidade de ir para Manaus fazer o curso, mas não deu certo. Então tentei alguma coisa com o curso de Jornalismo, mas também não entrei por muito pouco. E logo em seguida apareceu o curso de Geografia, e percebi que era uma possibilidade de dar vazão numa dimensão mais extrapolada do que eu já fazia, que era cultivar esse olhar curioso sobre o mundo. Entrei no curso de Geografia, e tive um verdadeiro encantamento por todo esse passeio que o curso proporciona para a gente, inclusive passando pela arte. Há um reforço de paixão por esse aspecto da arte diluído aí nesse pensamento maior da existência humana, porque o curso nos leva desde o interior da terra até a dimensão maior de universo, passando por toda essa ideia de cultura e sociedade, de território. Esses valores todos que nos norteiam hoje e que desafiam a contemporaneidade.

Depois, fiz uma especialização na área de gestão de meio ambiente e tentei um mestrado. Foi quando os meus professores não me quiseram no mestrado, eu tenho certeza que por uma incompatibilidade de gênios. Eu questionei sempre os meus professores, mesmo quando estava ainda na graduação, porque via muita coisa distorcida, muita informação passada de forma totalmente errada, e nunca concordei com isso. Fui muito combativo desde que entrei na faculdade, de modo que os professores não me permitiram, por duas vezes, a começar o mestrado. Fui tolhido de seguir na área acadêmica. Foi exatamente na época em que eu estava começando a dar certo com as artes, de forma que eu decidi me afastar dessa ideia da academia formal, de ser um pesquisador, e fazer acontecer o que estava caminhando bem, a porta grande que estava se abrindo com a arte. A minha forma de lidar com a academia foi isso: decidi focar no meu trabalho, na minha produção, e deixei a academia de *stand by*, de espera, para a gente conversar numa outra hora, num outro nível. Não mais seguir com a ideia de querer fazer parte de academia, mas estar conversando com a academia como um objeto, como um alimentador dessa ideia toda de um novo pensamento dentro dessa conjuntura da cultura contemporânea.

E inclusive até agradeço aos professores que não me quiseram no programa de mestrado, que me deram uma força mais genuína, mais autêntica de falar com uma voz mais potente ainda, que com certeza estaria enfraquecida se eu tivesse feito uma academia. Se eu tivesse feito um mestrado e um doutorado eu não teria, eu acredito, a mesma autenticidade na minha fala. Se tivesse insistido em entrar para uma academia, estaria hoje com o meu pensamento mínimo, mais adestrado. O que de certa forma me assusta nessa abordagem que o mundo ocidental nos olha, com tanta perplexidade, buscando uma resposta razoável, concreta que seja, resumida, que lhe faça sentido. Isso me assusta muito ainda. E deve refletir muito ainda na cabeça desses indígenas que estão se esforçando para construir diálogos, que a gente está tendo a boa oportunidade de ter vários em vários campos. Ainda causa muito ruído nessa comunicação. É claro que estamos vivendo um avanço significativo nesses contatos, nesses entendimentos, mas eles seguem ainda carregados de um peso, de uma cobrança, uma expectativa exagerada que acaba influenciando nessa sutileza de mostrar-se.

Uma coisa que eu defendo muito na arte é nossa autonomia em poder nos apresentarmos como seres contemporâneos, com tudo o que nos é de direito de uso, de aquisição, de introjeção de cultura, de adoção. E que nada nos impeça de nos banharmos na nossa própria origem. Porque ela pode sim ser acessada, ela pode ser invocada, inclusive e especialmente espiritualmente. Dependendo de uma prática que se tenha, de uma disciplina, de uma busca, você consegue acessar essas energias que estão realmente latentes, vivas, muito na flor da terra ainda. Então é um pouco disso, entender que o meu trabalho sirva com essa luz, essa possibilidade de dizer que o universo indígena pode colaborar muito com o ocidente, com o contemporâneo, dentro dessa perspectiva de um contra-argumento ou uma contra-atitude ao fato da gente se convencer de que o céu pode cair nas nossas cabeças. Os artistas, os escritores mais expoentes da atualidade, eles entram como uma luz nessa riqueza invariável que existe ainda nas bases, dentro do que se consegue encontrar hoje de realidades indígenas, dentro dos índios urbanos, que estão nos subúrbios, dentro de todos os ambientes onde existam remanescentes dessa sociedade ainda muito bem definidos.

Existe toda uma possibilidade de se ligar ainda a esse mundo fantástico, a essas cosmovisões, essa essência com a natureza. E é a única saída que não só o índio da floresta tem para si próprio, mas para o próprio europeu, que veio passeando por vários cantos do mundo com essa ideia de civilidade, de modernidade. O homem da floresta hoje também já vem totalmente influenciado por essa mesma grande onda da cultura europeia, e se vê no ponto crítico de como pensar de fato o amanhã. E sabendo que o amanhã terá essas duas culturas juntas inevitavelmente, tanto o índio quanto o não índio. Esses mundos se encontraram e chegou a hora da onça beber água. A hora de tomar uma decisão. E, volto a dizer, dentro da nossa ideia de acreditar no futuro, somente a natureza pode dar uma resposta positiva.

**Você fala muito sobre a ideia de buscar uma circulação do seu trabalho, de passar por diferentes comunidades e diferentes espaços. Como começou essa inquietação e como que ela se desenvolveu através desses anos de trabalho?**

O deslocamento faz parte da minha vida, que é movida por essa curiosidade acerca do que é o novo. Uma curiosidade de mundo. E, a partir do momento em que eu me vejo com a possibilidade real de proporcionar uma experiência nova, diferenciada para outras pessoas, que estejam conectadas mais ou menos com a mesma energia, eu decido ir em direção a elas. O que pressupõe a iniciativa de fazer as itinerâncias. Então, o meu deslocamento no território nacional e até fora do país se intensifica a partir de 2013, quando eu sou convidado pra fazer uma vivência nos Estados Unidos, na Universidade de Pitzer College. Foi uma experiência de docência compartilhada com a professora Lêda Martins. Nós íamos ensinar um curso, que envolvia arte e antropologia na Amazônia, e aí ela me convidou e me deu a liberdade de escolher o título do nosso curso. Eu propus, que fizéssemos "Run to the forest", "Corrida para a floresta", que é uma análise sobre esse novo deslocamento, que são pessoas indo para a floresta. Quando eu fui para os Estados Unidos, eu fiz uma exposição que envolvia "A vaca nas terras de Makunaíma: De malditas a desejadas", que trata sobre a chegada de um animal que virou muito presente no meu estado. Eu fiz esse grande deslocamento e fiquei por oito meses nos Estados Unidos. E lá me veio essa descoberta de que eu sinto uma alegria muito grande, um conforto em estar em deslocamento.

Então, quando eu retorno ao Brasil, eu já não volto mais ao meu trabalho na empresa. Eu fico vivendo exclusivamente da minha arte. Isso me obriga a muitas viagens para atender a chamados de comunidades da região amazônica e de outros estados brasileiros. E também começa uma agenda para o exterior, com participação em projetos de cinema. Assim, em 2016, eu decido de fato cortar o cordão umbilical com a empresa, pedir demissão, e aí fico com a ideia de uma liberdade que precisa ser urgentemente preenchida com uma atividade, para dar um grande passo num outro momento da vida. Sair da empresa, estar livre, não significava de fato estar de férias, ou então viver uma vida aleatória sem compromisso ou sem maiores responsabilidades.

Eu tinha concluído a exposição "Era uma vez na Amazônia", "It Was Amazon", um estudo com a descoberta recente que eu fiz do papel Canson preto e da canetinha posca, que fez bastante diferença na minha produção. Eu fiz essa primeira coleção em preto e branco, sobre a Amazônia. Eu expus em Boa Vista e senti o quão impactante ela era, o quão necessária. Eu acreditava que ela merecia ser levada de forma contextualizada para outros ambientes no Brasil. Eu começo, através da Internet, a fazer outra parte de atuação do meu trabalho, que é essa formação e atuação em rede. Escrevo um breve norte para um conjunto de ações, que eu chamo de "Itinerâncias". Não é exatamente um projeto, mas é um norte para uma andança, para começar a abrir horizontes para vários diálogos contextuais. Através dessa proposta, eu começo a conseguir ambientes físicos para expor. Geralmente em ambientes alternativos, com uma formação de plateia mínima interessada no tema. A abordagem é sempre de oferecer a possibilidade de um convívio, nunca de forma impositiva ou apelativa. É sempre uma interação. E isso tem dado muita resposta.

Eu começo a itinerância a partir do Maranhão, em 2016. A primeira temporada leva seis meses. E a partir daí sigo com a exposição para outros lugares, sempre com o mesmo modelo: as obras, as falas conceituais e as vivências. Eu começo a viver um novo momento da minha carreira propriamente de artista, com minha vida inteiramente dedicada aos afazeres e às atividades em torno da arte. Viro um artista autônomo com um propósito e um compromisso muito claros. A arte-ativismo começa a se desenhar mais nitidamente na minha produção, discutindo seriamente parar de devastar a floresta amazônica como uma abertura de argumentos maiores para todas as minorias aqui da região. E também com o argumento global da importância da floresta para o planeta.

A partir daí, eu tento focar o meu trabalho mais nessa atuação conjuntural da perspectiva ambientalista focada na Amazônia. E a partir disso também distribuir o trabalho artístico e conjuntural para o povo e para as comunidades amazônicas. Sempre tendo alguns parâmetros para balizar essa relação da interculturalidade de uma forma mais expandida. É o desafio maior de como interpretar a cultura como algo construtivo e não exatamente como algo dominador e opressor, como tem sido praticado por muita gente.

Como a arte pode trazer novas interpretações para a própria ideia de cultura? Como a arte pode influenciar decisivamente para uma ideia de nos tornarmos mais civilizados? São questões transversais, universais, globais, mas que batem à nossa porta quando nos vemos de frente com as questões indígenas. Como o próprio infanticídio, que é muito latente ainda, ou nas culturas africanas as mutilações das meninas. E agora volta de novo, fortemente, a escravidão pura e simples, com acorrentamento de pessoas como se fossem animais. Volta toda essa ideia de um tempo que se pensou já ter se extinguido. E percebe-se que dentro da floresta amazônica, por exemplo, tem nativos que ainda vivem, não isolados necessariamente, mas contactados pelo reflexo mais nefasto, mais triste da civilização, que é o medo, que é a afronta, que é aquele primeiro contato de desbravar um local, que pressupõe muita violência e extermínio.

Toda essa leitura de mundo, que a gente faz de uma ideia de humanidade extrapolada e civilizada, no fim se mostra uma selvageria, e ao mesmo tempo existe o homem primitivo vivendo na floresta. Dá pra fazer uma análise contemporânea desses dois parâmetros tão longínquos e ver que o desafio é muito grande mesmo. Conhecimento, habilidade e liderança, especialmente, são o que falta de fato entre as culturas para que se busque uma conjuntura de diálogo mais construtivo que fuja dessa ideia dos radicalismos, dos extremismos. Como as próprias religiões, especialmente as cristãs, que se enraízam muito rapidamente entre as comunidades indígenas, oferecendo mais um desafio para o pensamento original dessas culturas e a sua relação com a sua origem, que é a floresta, a natureza.

**Fica claro no seu discurso que para você é muito cara a ideia de autonomia. Você está querendo fugir também dos aprisionamentos, da burocracia estatal, de intermediários comerciais e tudo mais. Como que é essa busca de autonomia?**

Toda a minha ideia de autonomia me remete novamente à trajetória de minha cultura familiar, que possuía uma ideia muito presente de liberdade. Embora se soubesse que era preciso trabalhar para construir uma casa, para ganhar dinheiro, sempre havia a alternativa de que não se quisesse fazer isso, de que era possível optar por não fazer parte desse acordo. Eu não tenho essa experiência de ter sido obrigado a nada. Embora a relação com a minha mãe, especialmente no processo de educação, tivesse sido muito dura. Inclusive a violência de palmatória e de outras surras que eu levei. Mesmo isso eu não consigo considerar, meu cognitivo não processa isso como uma imposição. Ficou diluído até como uma certa forma de mostrar carinho e proteção que não chega a refletir negativamente.

Eu acredito na minha forma de ver o mundo. Sempre acreditei na liberdade. E a liberdade traz por outro lado um rigor, uma disciplina para que possa se realizar. Essa liberdade de ver que é possível, sim, sentir essa questão que é contemporânea, que é ocidental e que foi introjetada entre os índios também, que é a ideia de infância. Essa ideia de felicidade, da plenitude na infância. De optar, sim, por assumir esse talento artístico, porque eu poderia muito bem não ter dado vazão para essa ideia e ter permanecido no meu emprego federal, ganhando o meu bom salário, o meu conforto, tendo a minha casa na cidade. Abri mão de tudo isso para viver exatamente essa essência que o meu corpo, que a minha estrutura existencial pede. Para mim a autonomia é isso.

Por ter de certa forma vivido também um período não tão curto, até certo ponto longo, sendo chefiado, sendo coordenado, sendo tolhido, monitorado, como empregado público, descobri não gostar dessas sensações. E percebi que, no fundo, no fundo, a essência da educação, para uma ideia de educação libertadora de fato, nunca pode ser uma opressão nem uma imposição. Eu mesmo me senti muitas vezes na escola, e até na universidade, nessa obrigação de ter que cumprir tantas horas sentado numa cadeira, forçosamente, mesmo que sem conseguir dialogar com o professor. E creio que a partir dessa experiência estabeleci esse critério, esse rigor, de autonomia. Vejo que nas comunidades indígenas a autonomia foi tolhida há muito tempo, desde que chegou o conquistador. Junto com a igreja, que foi outro organismo, outro órgão que também deturpou totalmente a conjuntura política, a forma de se organizar das comunidades, com a nova proposta de aldeamento. A partir daí quebra-se uma tradição milenar de organização própria, de saber fazer-se em si mesmo e de estar em movimento. Aí começa a criar uma dependência de uma orientação externa para conduzir-se a si próprio.

Talvez isso explique porque hoje alguns índios sejam tão acomodados nesse sentido de dependência externa, de esperar que alguém venha oferecer algo. O que leva, numa condição mais extrema, a serem considerados "pidões". E o aldeamento traz uma série de problemas. É preciso evitar os excessos provocados pelo aumento da densidade. Surgem questões sanitárias, questões de relações interfamiliares, essas questões sociais mais próximas. Tem toda essa leitura que precisa ser feita, para que a gente venha fortemente falar de novo nessa ideia de autonomia. Então a autonomia para mim é isso, buscar a partir da força da arte levar a nossa memória para além desse momento, dos contatos e dessa conjuntura de relação, de criação de uma dependência e perda cultural.

Se conseguirmos realizar a arte conforme as habilidades que temos, se conseguirmos passear pela memória daquele tempo pré-contato, se conseguirmos estabelecer essas relações, podemos ir um pouco além da mera visualidade e possibilitar uma outra forma de lidar com o mundo. A mera visualidade também tende a se fixar em nós, o que é um problema. Porque nós, os indígenas, viemos de uma tradição muito oral, muito visual, com menos estabelecimento de linguagens específicas. É uma tradição muito sensitiva e espiritual.

Quando a gente começa a fazer um curso de academia, por exemplo, entra num outro programa metodológico, que pressupõe uma mecanização sistemática, crua e simples, e esquece muito dessa perna do tripé que é a espiritualidade. Eu acredito que a arte deve sim mergulhar por todos os meios possíveis. Porque tem a capacidade, tem toda a liberdade de ir e se fazer em si. E toda nova tecnologia que surge vai sempre pressupondo um voltar muito atento para dentro de si próprio, para buscar de fato uma alimentação própria, uma chama interior, que é a questão da espiritualidade. E que também pressupõe um grande desafio na cena contemporânea, por se contrapor, volto a dizer, a um domínio de uma religião monoteísta e classista, que é o cristianismo.

Eu tive essa clareza muito cedo, de me preparar, experimentar várias situações, vários contextos, inclusive com viagens para outros ambientes, para outros países, até chegar a de fato perceber qual era o momento certo de me posicionar artisticamente. Eu fiz, nesse sentido, um caminho inverso do que a maioria dos outros artistas se aventura a fazer, fui me descobrir primeiro como ser humano. Então todos os grilos, todas as grandes questões existenciais da minha vida foram trabalhadas desde muito cedo. Não que sejam esgotadas ou resolvidas, mas foram muito cedo encaminhadas, para me dar essa liberdade de criação. Mesmo que eu não saiba exatamente explicar o fato. Mas eu sei é que, de certa forma, a vida tem me guiado para isso.

Eu construí toda essa trajetória inversa da ideia romântica de artista, de ter que passar fome, de fazer toda aquela peregrinação romântica clássica que a gente já conhece, até chegar a fazer sentido e a fazer ser sentido. Venho por outro caminho, e chego já apresentando um produto que vem sendo remoído desde a minha infância, que é a primeira obra, o meu livro de estreia. Esse primeiro livro ele vem de uma forma que me deu muita dignidade, que é um prêmio da bolsa Funarte, em 2010. No livro, eu pude já apresentar minha abordagem, que é sempre uma conjuntura entre o contemporâneo e o tradicional. Ele se chama "Terreiro de Makunaima: Mitos, lendas, histórias em vivências". É formado por dez neocontos, neomitos, que vêm tentando mostrar reflexos dessa ancestralidade, dessa espiritualidade que eu trago da minha infância, no contexto contemporâneo. O que seria a ideia de um viver caboclo, esse ser misturado, descaracterizado, que de certa forma é desmoralizado também.

O livro faz uma provocação ao tocar de novo no nome de Makunaima, que é um nome até então bastante esquecido nessa sua forma original, antes da adaptação modernista. É um nome fora do circuito de academia, que é onde se constrói o pensamento literário brasileiro. E trazê-lo de volta, para além da obra de Mário de Andrade, é um convite para se reposicionar numa nova geografia. E foi uma experiência muito interessante de autonomia e autoconfiança, porque quando eu invisto pela primeira vez em um edital público e já consigo, dentro de uma seleção rigorosa, ser selecionado, isso me dá uma dignidade muito grande. A minha vida mais uma vez me priva de uma sensação de humilhação, de ter que fazer uma peregrinação muito grande para conseguir publicar um livro e ser reconhecido no meio. A iniciativa própria de tomar atitude, de decidir fazer o edital, mesmo diante do convite explícito de dois amigos para desistir, parar, por acharem que não era a hora, foi muito importante para mim. Esse brigar com a vida, com os sinais e os convites de desistência, me fazem pensar sim, cada vez mais, em autonomia. E em repassar toda essa minha trajetória para o povo, pra quem quiser me ouvir.

Eu estou sempre ressaltando: quem me convida para conversar deve escutar a história do jabuti que brigou com a onça e as outras histórias fantásticas da nossa origem. Nunca vai me ouvir falar dos grandes clássicos, dos grandes pensadores ocidentais, que provavelmente nunca irei citar. Eu tenho a consciência de que o que eu tenho enquanto talento e enquanto informação é suficiente para fazer muito bem feito o meu trabalho. E o meu trabalho é ser um provocador de fato. Não uma provocação ir-responsável e nem uma brincadeira jocosa com a criatividade, mas exatamente saber que com o pouco que se tem é possível, além de se aprender muito mais, proporcionar curiosidade para que a partir dali se busque de fato a libertação própria.

Tudo isso foi o que a vida me levou a crer, porque ela me guiou para esse sentido, para uma busca própria. A vida me despertou um desejo claro, com uma sensibilidade bastante trabalhada. Eu consegui fazer a leitura desse chamamento, desse chamado, dessa inspiração, e fui seguir o rigor. Mesmo quando achando muito chato. Achei prazer na escola, mesmo achando várias vezes muito chato, porque a vida toda eu trabalhei todas essas minhas emoções. Se é pra estar num lugar chato, mas para lá na frente se respirar em um lugar legal, vamos viver o momento chato e ainda descobrir o momento prazeroso dentro do momento chato. Essa é a minha forma de lidar com as situações mais complicadas da vida, de lidar com a burocracia, que também é uma coisa que me assusta muito.

Como a gente vem de um mundo, de uma família, de uma cultura muito autônoma mesmo, nunca tinha uma hierarquia, nunca tinha um protocolo, nunca tinha uma autorização maior ou uma ordem de cima para a gente resolver fazer as coisas. Toda a minha visão de mundo foi de muita autonomia. De ter um rio e poder ir pescar, de ter uma montanha e poder subir, pegar uma madeira pra fazer uma lenha... Uma experiência muito pouco proibitiva. De forma que eu acredito que a gente tenha vivido sim, de fato, a ideia de liberdade. De autonomia e liberdade. Eu não tenho como falar de outra coisa, de outra experiência, porque não vivi. A minha vida foi nesse sentido, junto com a minha família. E se o nome disso é autonomia, então é o que eu tenho e é o que tenho para estimular. Porque eu não vou estimular para que as pessoas sejam empregadas ou sejam escravas ou sejam dependentes dos outros. A relação de independência é muito ligada também com a ideia de autocapacidade de cada um.

**Você fez a sua própria galeria de arte, onde você tem os seus trabalhos e também os trabalhos de outros artistas indígenas. Como você vê essa força ou limitação da identidade indígena no papel de artista?**

A galeria surge em 2013, como o resultado de uma provocação. É quando eu consigo reunir, em torno de uma proposta já de curadoria, oito artistas de Roraima, essencialmente da pintura e da escultura, que estavam trabalhando por conta própria há muito tempo, mais de 15 ou 20 anos. Como a Carmézia Emiliano, que é nossa artista brasileira mais premiada na categoria naïf. Ela é de Roraima. Tem o Bartô também, o Isaías Miliano, que é um excelente escultor, embora pouco conhecido. Uma esfera muito restrita de pessoas o conheceram para além de Roraima. Então aparece essa curadoria, uma proposta que eu faço com a Universidade Federal de Roraima e outras organizações parceiras. E organizamos aí uma exposição coletiva, onde eu apresento uma proposta, que é trabalhar o tema das "Vacas nas terras de Makunaima".

Mais uma vez eu puxo o nome de Makunaima para dentro do nosso trabalho conjuntural, para que ele sirva de contextualização. Foi dessa ideia que surgiu "Vacas nas terras de Makunaima: De malditas a desejadas". A proposta era fazer uma leitura visual, artística, do período desde que as vacas chegaram em Roraima, que a gente chama de Terras de Makunaima, aquele circum-Roraima, aqueles campos, até os dias atuais. Como é que foi que a vaca foi trazida, como é que foi essa chegada, a introdução dela no ambiente. Assim eu vou novamente rememorar a minha infância, um conflito da fazenda com as comunidades, que refletiu na minha casa, e onde eu vejo que a vaca está envolvida meio que como a vilã da história. Eu vou fazendo essas leituras através das imagens visuais. Eu me proponho o próprio desafio de, através dessas imagens, dar um sentido figurativo para as sensações primeiras, as sensações que os primeiros Makuxis tiveram ao ver os primeiros bois, logo que chegaram dos batelões de navio, subiram o barranco e não encontraram cerca nenhuma, invadindo assim toda a savana. É possível imaginar o desdobramento disso: a vaca acabando com a roça do índio, comendo tudo, o índio indo caçar a vaca e atrás da vaca vem o vaqueiro e começa a grande guerra, que nos remete aos dias atuais. Então, como artisticamente reproduzir essas sensações primeiras? Pânico, perplexidade, horror, fascínio, deslumbramento. Medo mesmo, medo extremo. De modo que são umas sete ou oito sensações, que eu tento figurar nas minhas obras. Pavor, pânico, perplexidade, encantamento etc. Eu tentei fazer uma figuração dessas sensações. Claro que sempre humanizando alguma parte do desenho, para trazer a ideia do índio e da sensação humana. Esse foi o meu trabalho.

Para os outros artistas, eu propus que cada um fizesse uma pintura que remetesse a esse contexto dos contatos do gado com os índios. A gente pediu um apoio de texto teórico do Paulo Santilli, onde ele relata lá nos seus estudos, na sua narrativa, um ritual que a gente faz ainda hoje, que é o ritual da pimenta nos olhos. Os Makuxis faziam esse ritual logo que os bois chegaram na região. Porque quando dos primeiros contatos dos Makuxis com os bois, eles adoeciam, porque os bichos eram carregados de tanta... de uma carga emocional e de fé, de uma relação extranormal, que eles adoeciam toda vez que viam um animal pastando, andando no campo. Então passavam pimenta nos olhos para se proteger, para poder olhar e não adoecer com aqueles novos animais. A partir daí, desenrola todo um histórico de conflito, que se desenvolve até os dias atuais. Aliás, até o final do século XX, quando se desenrola o grande conflito com a fazenda Guanabara, que também é um ponto crucial no fortalecimento do movimento indígena na região. E que depois, em 2009, culmina com a demarcação de todo o território da Raposa Serra do Sol em área contínua, que é um capítulo bastante longo, bastante recheado de passagens de muita violência.

A galeria vem com a proposta de abrigar essa quantidade de obras de arte que foram produzidas a partir dessas provocações. Os artistas produziram outras obras também para vender, para apresentar seus trabalhos para o público. E aí a gente ofereceu um espaço, uma casa na cidade que eu construí enquanto trabalhava como funcionário público e que estava alugada. Eu pedi a casa de volta e instalei as obras, e também começo a usá-la como um espaço de produção, como meu ateliê. Eu denominei Galeria Jaider Esbell de Arte Indígena Contemporânea. Havia as obras desses artistas, mas isso não pressupunha uma ideia de coletivo. Eu aposto na perspectiva de trabalhar uma abordagem, uma experiência de coletividade, onde os artistas são livres. Podem deixar lá as suas obras ou não, ficarem o tempo que quiser. Se sentirem amparados, mas livres ao mesmo tempo. Se quiserem um lugar de referência, de estacionar para se fazer parte de uma proposta de comunicação, podem ficar. Tem toda essa liberdade, sempre buscando atender de novo a essa ideia de autonomia, que pra mim foi muito prática, muito forte, muito viva.

A galeria vem se consolidando dentro dessa linha de trabalho, onde também entra a proposta de biblioteca, e serve basicamente para ser um ponto de referência, com uma relação muito direta com o momento atual e com a perspectiva de fazer parte de uma cena urbana de Boa Vista, mas se expandir também numa relação regional e até internacional. Especialmente de um ponto de vista de entrar para as comunidades, não como uma proposta de educação ou com uma proposta meramente política, mas com uma proposta de arte que remeta a toda essa argumentação conjuntural de falar de política, de falar de arte, de falar de território e identidade, dentro dessa maleabilidade que a gente tem conseguido conquistar, com muita insistência e teimosia, para a arte indígena contemporânea. Porque, na minha forma de avaliar, enquanto um dos expoentes da arte indígena no Brasil, é preciso dizer que os próprios indígenas ainda não conseguiram compreender toda essa mistura de conceito e de habilidade com objeto e com artefato. Ainda não conseguiram de fato perceber que eu, de certa forma, tenho ganhado a dianteira e ocupado bastante espaço por estar pensando nas questões conceituais e técnicas da arte, e por isso conseguindo uma capacidade maior da arte de provocar, e não de tentar explicar-se em si mesma. Nesse sentido, a arte entra como uma provocação e não como uma solução. Pra mim é muito claro que é possível instigar as pessoas a descobrirem, dentro de si mesmas, uma resposta, ou confrontar-se diretamente com essa ideia de uma conformação. De que não precisamos nos conformar ou acreditar que a nossa capacidade se restringe até um certo ponto. É uma provocação para instigar e tirar a situação de um estado pleno de letargia. Pouco a pouco, esse trabalho que a gente tem conseguido fazer inicia uma movimentação contra esse conformismo, um incomodar interno.

A gente começa a falar muito no assunto e aí as lideranças indígenas acabam percebendo também que existe algo de fato novo, que tem gente que está de olho, que está entendendo o que estamos fazendo. E que a gente enquanto artista não é um espião ou um inimigo do movimento indígena, mas que pode trazer para dentro do próprio movimento uma luz de um olhar externo. E não exatamente um olhar de condenação e nem exatamente um olhar de apresentar uma proposta concreta, mas de trazer uma provocação, uma possibilidade de apontar alternativas viáveis dentro de uma conjuntura mais aberta. Porque aí você chega no nível de ser um artista pensador, um influenciador, algo que esteja muito além do mero desenho. Esta é uma observação que eu faço sempre, de que a arte entre os índios ainda está muito subutilizada ao se manter numa dimensão meramente de ilustração, de desenho.

Eu continuo provocando os artistas indígenas contemporâneos a se expressarem da melhor forma possível, porque o que se precisa de fato é romper um pouco essa ideia de atendimento e desse encantamento que se fixa no visual. O visual exige, quer muito, por ser um sentido de certa forma mimado. O olho quer tudo que é bonito, que é colorido, que é encantamento, que é entretenimento, e aí esquece dos outros sentidos. E a arte indígena contemporânea tem essa força de trazer toda essa expectativa de atendimento dessas outras demandas para os outros sentidos, especialmente o mais sutil que é essa questão da espiritualidade, de ser espiritualizado. Que remete aí a uma necessidade de relação mais próxima com a natureza, e isso gera no campo prático também outra relação com o consumo e com a ideia de distância entre mundos. Você não se sente tão urbano e não vê a floresta tão longe quando você sente a necessidade de fazer parte dela. Esse exercício maior dos caminhos da arte num ambiente ampliado, novo. Existe hoje a possibilidade de surgirem novos artistas e pensadores indígenas, intelectuais e ao mesmo tempo com as espiritualidades próprias.

**A galeria tem um tipo de trato, de relação com o público, que passa pela alimentação, passa pela festa, passa pelo ritual também. Ela não fica só na exposição ou na mercadoria. Ela se torna, de acordo com sua proposta, um espaço também de convívio e até de construção de outros convívios possíveis.**

Exatamente. A galeria surgiu com esse propósito de, a partir da visualidade, fazer um convite. Cada vez mais, eu acredito que a cultura indígena tenha que aprender de fato, e essa é uma necessidade que eu sinto, a nos apresentarmos dignamente a essa grande sociedade. Pois se há uma certa unanimidade entre os indígenas, é de que já chega de tanta gente falando pela gente. O que a gente quer é esse espaço da fala. Já passou da hora de falar. E existe hoje uma chance real de nos apresentarmos com dignidade para a grande sociedade. E o próprio argumento nosso de que a gente não é apresentado devidamente tem que ser combatido com uma apresentação própria, devida. E que a gente consiga cada vez que a gente ocupar esses espaços, ampliá-los, mantê-los e pensá-los criticamente. Só dessa forma poderemos atender as reais demandas de como buscar o respeito, a visibilidade e a respeitabilidade dentro de uma sociedade tão opressora. Se a gente não consegue fazer-se valer das possibilidades de se apresentar devidamente enquanto cultura indígena dentro desse contexto descaracterizante que é a contemporaneidade, quando a gente sai da aldeia e vai meramente para uma escola, já deixa de ser índio porque se afastou da sua cultura.

Então a proposta da galeria realmente vem com essa proposta de ser um espaço de descobertas mútuas. É um espaço de provocação, pois o fato dela estar localizada hoje no bairro Paraviana, que é um bairro nobre, um bairro de milionários, na cidade de Boa Vista, e o fato de eu ser indígena e estar lá, ocupando aquele espaço, tem incomodado os vizinhos próximos. A gente escuta do pé da parede piadas jocosas dizendo que a gente deveria estar no mato, que não era para estar na cidade. Incomoda sim, e de certa forma é uma atuação de resistência.

E estamos conseguindo avanços. A partir do momento em que a gente decide, com muito orgulho, ocupar aquele espaço legítimo, que é legal, e especialmente que seja autônomo, é uma forma sim de dizer para o grande movimento, para o Brasil, que os indígenas são totalmente plenos e capazes. Depende-se sim das questões conjunturais de oportunidade e de acesso. Mas certamente somos capazes.

A galeria vem com essa proposta de ter esse referencial de coletividade, de abranger mais de uma etnia, cinco, seis, sete etnias do povo ali da região. Ela vem também privilegiando pinturas, artefatos mesmo, objetos contemporâneos. Porque ela não tem muito essa perspectiva de museu, mas uma perspectiva de situar os índios do agora. E ao mesmo tempo com isso abrir uma grande porta para essa pesquisa, para esse alcance ancestral. Nesse sentido talvez haja sim a constituição de um museu, porque tem peças de vários povos reunidas. E a figura do indígena contemporâneo, que muitas vezes está deslocado, descaracterizado. Mas está lá, e remete a toda essa conjuntura de pesquisa e de caminhos que é possível se percorrer, de uma documentação extraoficial que vai descobrindo várias realidades, vários contextos. Essa foi a forma da gente se apresentar devidamente.

Mais de uma vez a gente já reuniu, já trouxe comunidades inteiras para a cidade, vindas da sua área, da sua comunidade, para fazer um convívio na galeria. Foram para dentro desse ambiente de galeria, num ambiente urbano. Fizemos isso com a cultura Makuxi, por exemplo. Foram apresentadas várias formas de trançado, panelas de barro, plantas medicinais. Os fazeres todos. E dentro dessa perspectiva de convidar uma comunidade e também fazer uma ou duas atividades tradicionais. E a partir dali despertar entre a comunidade uma curiosidade, uma auto-provocação, de se levantar, de se suscitar, de ressuscitar até práticas antigas, esquecidas. Já é um trabalho que não se consegue mais medir enquanto organismo, enquanto instituição. É o fazer distribuído na prática.

**E a questão do artista indígena? O quanto é importante esse "indígena" para tua obra e o quanto é aprisionador? Quando vira barreira e quando vira afirmação? Você usa o termo "arte indígena contemporânea". O que esse termo trouxe para você, o que ele significa para você, e qual o porquê dele ser usado dessa forma?**

Então, é preciso deixar claro que é "arte indígena contemporânea" e não "arte contemporânea indígena". Eu fujo de explicar muito a segunda e tento explicar muito a primeira, a arte indígena contemporânea. Ela soa com muito conforto, de entender que a arte sempre esteve entre os índios e hoje ela não ressurge, mas, através da força dos próprios artistas, e da conjuntura que eles são colocados e levados a argumentar, de que ela é contemporânea, e quando ela se argumenta de ser contemporânea, e antes de ser contemporânea ela é indígena, ela automaticamente traz no seu arcabouço todo esse reflexo ancestral, milenar, mitológico e espiritual.

Quando se diz que é arte contemporânea indígena, parece que ela vem de fora e quer se indianizar aqui com a gente, vinda de um ambiente externo, como se entre os índios não existisse antes. E chegou junto e quer meio que fazer parte, meio que na marra, não sabendo exatamente em que conjuntura. Por isso é importante sustentar que é arte indígena contemporânea, porque a arte sempre esteve entre os índios, e hoje quando se argumenta da palavra "contemporânea", ela se veste, ela capta junto dos seus argumentos essa necessidade inclusive de ser comercial. Mas de ser provocativa bem antes de ser comercial. É uma arte de provocação, de promoção e de fortalecimento da cena e das identidades indígenas contemporâneas. A venda é uma segunda atividade e não deixa exatamente de ser necessária porque, volto a dizer, vivemos num contexto urbano, num contexto de capitalismo, somos autônomos e pensar um trabalho conjuntural sem dinheiro fica inclusive anti-pedagógico, anti-didático.

A arte indígena contemporânea entra com esse desafio grandioso de convidar o próprio índio a pensar-se numa realidade atual. Porque existe de fato uma saída muito simplória, de olhar a diversidade indígena como um único, um comum. Um grupo de pessoas que vive na floresta e querem sobreviver e lutam para sobreviver. Há uma simplificação nesse sentido. A arte indígena contemporânea provoca o próprio índio a pensar, e inclusive a pensar uma coisa além da autonomia coletiva, que é a autonomia do indivíduo, que é uma coisa que não é muito pensada originalmente nessas culturas. Não pensam o indivíduo, o próprio cidadão indígena, como se ele nunca tivesse necessidades individuais. Ou ainda sustentar uma argumentação de cultura, do termo "cultura", quando esse próprio termo "cultura" não é esmiuçado entre os próprios representados, ou seja, as diversidades indígenas.

Nós realizamos um festival em Boa Vista, o "Encontro de todos os povos". Foi uma parceria com a Universidade Federal de Roraima. E o Gerson Xirixana, que é da reserva indígena Yanomami, foi para esse encontro. Depois disso, ele me convidou para ir na comunidade dele, porque ele queria entender mais da capacidade que a arte tem de fazer alguma coisa nesse sentido da mídia. Porque ele percebeu que a arte poderia cumprir uma necessidade do povo dele, que era se apresentar ao mundo como Xirixana, porque depois de um tempo eles ficaram sabendo que todo mundo chamava eles de Yanomami e eles não entendiam muito bem o motivo. Aí de fato descobriram que quando foram fazer a campanha para demarcar o território, por uma questão de estratégia política e de marketing, disseram que todo mundo era Yanomami, para ganhar força e resumir o assunto. Ficou todo mundo como Yanomami. Quando eles descobriram isso, eles falaram: "não, nós não somos Yanomami, somos Xirixana. Nós temos território próprio, língua própria, região, identidade... E vamos reivindicar isso! Nós queremos ser Xirixana".

Esse é um exemplo prático da arte entre os índios, de índio para índio. A arte vista como um recurso, como uma viabilidade, como curiosidade, como possibilidade para reivindicar algo ainda dentro dessa ideia de coletividade, mas num recorte dentro de uma individualidade, dentro de uma grande massa de corpo constituído que seria o Yanomami em relação ao Xirixana. Na primeira vez que eu fui nessa comunidade, já como artista autônomo, eu faço uma articulação com a Universidade Federal, que manda um cinegrafista para fazer uma matéria. Isso também evidencia essa capacidade de política, de jogo de cintura e de habilidade de diálogo que eu tenho para constituir uma rede e uma fluidez de trabalho, da arte indígena contemporânea servindo a um serviço de visibilidade de um povo. E alcançando um espaço antes impensável. Fizemos a matéria, que saiu na Rede Brasil. Inclusive virou meme, numa situação daqueles caras do humor televisivo, porque a apresentadora não conseguiu falar o nome Xirixana, levou para o lado pejorativo e começou a rir. E nisso a gente tem um exemplo para evidenciar que mesmo com os aspectos positivos, sempre há os riscos de se cair numa cilada midiática, quando se busca essa abertura maior para a mídia do que a arte.

A arte indígena contemporânea vem experimentando de todos esses espaços, todas essas linguagens, todas essas tecnologias. E aí entra a proposta da galeria. A arte indígena contemporânea se argumentou desse espaço físico, se argumentou dessa linguagem, dessa proposta comercial, de ser um ambiente de reunir arte, para se fortalecer. A arte entre os índios também remete a um convite a essa questão da oralidade, de voltar de novo para descartar tanta imagem e aprender a prestar atenção na essência do ouvir. A importância enorme da fala. Para que se volte de novo a construir novas consciências e, de novo, volte para o campo das visualidades, de produzir novos conhecimentos. Esse é um instrumental muito forte, uma habilidade dos povos indígenas, que precisa ser atentada. Porque é uma forma de reordenar o pensamento, e que remete a um convite muito forte para ir além dessa conjuntura atual.

Inclusive, fica aqui uma provocação aos índios evangélicos a olharem de novo para suas ancestralidades e dar um pouquinho de força para tirar a bobeira, a cegueira do encantamento pela religião. Para botar um pouco as consciências críticas para começarem a aflorar. Tudo isso é muito novo, é muito desafiador, inquietante. A arte indígena contemporânea vem junto com uma geração de jovens artistas que são, digamos, mais atrevidos, mais afoitos. O que pode ser bom, mas que pode trazer também um perigo muito grande, porque vem acompanhado por toda essa ideia de vaidade, toda essa questão do ego, de poder. O que leva a um risco muito grande de se perder uma habilidade, uma capacidade nova dentro de uma ideia de indivíduo.

Eu me consolidei dentro do ambiente contemporâneo, cheio de todos os desafios que se apresentam e que estamos descobrindo. Por isso estou atento, mas não me sinto nem um pouco errado, nem um pouco tolhido de fazer exatamente todas essas experimentações e me utilizar legitimamente de todas as tecnologias. E de mergulhar numa provocação própria nessa ideia, nessa busca própria por uma espiritualidade, de conhecer mais com os pajés, com os xamãs, sempre numa perspectiva de um conhecimento para a liberdade. Nunca buscando um tipo de catequese, um outro tipo de engessamento ou de uma submissão a uma ideia pronta. De ter um mestre. Como aliás é muito colocado hoje nas filosofias do mundo. Pressupõem sempre uma categorização, uma hierarquização e uma dependência de um mestre, de um guia, de um orientador. E eu já não acredito muito nisso.

Nisso também reside um empenho, a minha energia justamente para ir balizando o alcance da minha fala, de como ela é recebida pela pessoa que está diante de mim, para que ela não crie nem alimente essa ideia de mestre e discípulo. Uma ideia de guru e de alguém que busca por alguém iluminado. Mas que as pessoas tenham minimamente as palavras corretas para terem as atitudes coerentes e se sentirem livres no mundo. Essa liberdade plena de viver e proporcionar vida para um ambiente maior, para além dessa ideia de dependência direta, de dependência cotidiana de uma atuação divina, numa vida que já é tão maravilhosa como é a nossa vida enquanto humano.

**E a escrita, como ela veio pra você?**

A escrita abre um portal muito grande, que eu me identifico de imediato, logo que eu começo a ler e escrever. Eu começo a produzir textos muito cedo, com muita frequência. Textos literários com invenção de mundos próprios e imaginados, que remetem de novo a essa influência da mitologia. Essa capacidade de inventar histórias exatamente do nada, ou da capacidade dos animais de se transformarem de várias formas e até de assumirem várias formas. A liberdade de pensamento da reinvenção. Por exemplo, de uma árvore ter a possibilidade de acolher todos os tipos de fruta, e não uma árvore para cada fruta. Essa abertura para o mundo imaginário de que eu vim, com essa base da oralidade, sempre me informou. E muito cedo pude transferir isso pra literatura. Até por ter sido alfabetizado muito cedo. Eu aprendi a ler e escrever com seis anos, e muito cedo também eu comecei a interpretar e produzir textos. E isso foi se intensificando com a itinerância e a ampliação dos diálogos.

A minha abordagem com a literatura também é uma forma muito íntima de me apresentar pro mundo, onde eu consigo diluir boa parte da minha relação com o grande mundo dentro desse permeio de realidade e fantasia. Uma certa forma de como eu interpreto a vida, de ter essa noção mitológica da transformação dos mundos e da fluidez entre o material e o espiritual. E até mesmo o mundo no meio das florestas, o mundo no meio das montanhas e o mundo debaixo das águas. É a mistura muito latente em mim. E isso remete também a essa busca por autonomia, de estar o mais livre possível. De que, quando bater a vontade de largar tudo e virar bicho e sair no mato, também conseguirei fazer. Tem toda essa costura, dessa formação de identidade que a gente deve aprender muito urgentemente, cada vez mais com habilidade, para usar isso positivamente para uma ideia de contemporaneidade.

**Você é uma pessoa muito produtiva e muito ativa nas redes sociais, no meio digital. Qual a importância disso para o seu trabalho e a sua vontade de alcançar um público mais amplo para suas provocações?**

A minha relação com a internet, com a exposição máxima que ela traz, novamente remete a uma experiência própria com um aspecto da identidade. Como a gente pode ir para o mundo, fazer parte do mundo como uma pessoa conhecida, uma pessoa famosa, para que isso sirva de exemplo para os indígenas que estão num processo de sair do mato, buscar outros lugares, chegar na cidade, pelos arredores, pelas periferias, pelas bordas, com toda aquela dificuldade de se situar nesse outro contexto? Ao ter acesso ao celular e à Internet, como usar toda essa ferramenta para se comunicar. Eu acredito que há sim um fascínio ou uma fixação de se chegar no grande mundo, como se diz, no grande circuito. E não exatamente indo pelo caminho das pedras já feito, que é essa sistemática toda do circuito das artes. Mas buscando outros caminhos para ir.

A Internet me interessa como curiosidade, como experiência, e também pela possibilidade que traz de uma agência própria. Porque, como esse circuito da arte indígena contemporânea é muito recente, e a gente não tem ainda muito parâmetro nem como se sustentar... Nós viramos as primeiras referências nessa questão. Não somos os filhos ou sobrinhos dos grandes artistas, não tem ninguém para nos anteceder. Somos nós mesmos a construir esse espaço. Então, com esse pouco de consciência que tenho, que eu pelo menos busco ter, tento alcançar o máximo possível de público e provocação sim. E tudo caminha para esta questão da midiatização da internet. Poder, através dessa alta tecnologia, ver o quanto a gente ainda está longe de dominar essas novas mídias. Eu estou realmente empenhado em alcançar.

Mas, ao mesmo tempo, é uma forma diferenciada de se posicionar no mundo, sabendo que você faz parte de uma cultura que remete a uma ideia de coletividade muito forte, que remete também a uma necessidade de uma representação de comunidade. Então, é um pouco disso, é dizer que quando eu quero ir para o grande mundo, eu não quero me isolar do povo Makuxi, mas quero levar o povo Makuxi para esse grande mundo, para essa perspectiva de colocá-lo nessa possibilidade de existência. Porque existe sim um mundo fora da Internet, um mundo de outras existências que precisa, sim, de um empenho pessoal para se tornar visível. De uma agência.

E volto a valorizar e a reivindicar a importância do artista indígena Makuxi que assina sua obra com o seu próprio nome. Porque estamos falando de arte e arte é um poder que pressupõe ainda, e talvez nós nunca vamos superar isso, um ícone, de uma iconografia. Precisa de um rosto, precisa de uma voz, precisa de um ritmo para ter vida. Porque senão não atende a expectativa de furar o cerco da igualdade, de romper e buscar espaços novos, para esse mesmo ritmo ir enfim para outros ambientes e se comunicar com outras pessoas.

# SOBRE-VISÕES

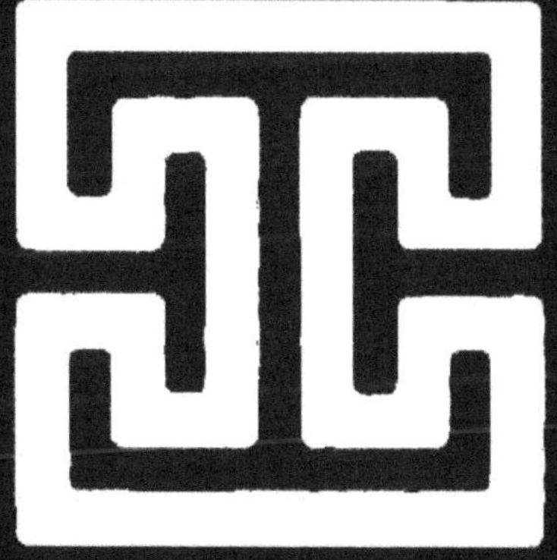

# BOM MESMO É SER ESTRANHO

Publicado originalmente no jornal Roraima Agora,
em 16 de maio de 2016

Bom mesmo é ser estranho, mutante e ouvir de sua mãe que você é doido e mau.

Já fui de um tudo onde deu pra ir nessa vida miserável. Pedreiro, bom neto, lenhador, pescador, professor. Vaqueiro, vagabundo, igrejeiro, atleta, coroinha. Flechador, fazedor de tijolo, de farinha e assustei os outros na noite breu.

Fui vendedor, capinador, ciscador. Já fui vigia, já tive vontade de fugir de casa. Já fui encrenqueiro, vítima, trapaceiro, nunca traí ou fui X9.

Apanhei de palmatória, peguei irmão pra levar surra, levei surra em casa, na rua, fui o rei da figurinha. Repeti de ano na escola, ganhei medalha, trabalhei sem receber.

Já fui andarilho, estudante, eletricista, sonhador, canoeiro. Já fui guia, estive perdido, arranquei pedra na serra, perturbei as filhas alheias, os filhos, fiz o escambau.

Já fui poeta, toquei fogo no campo, fumei, peidei silenciosamente, soltei o jabuti e fui pra roça.

Já corri de bicicleta, a pé, de cavalo, andei em cabos de alta voltagem, pulei de 100 metros n'água.

Já fui a Paris só dizer, oi.

Já fui leitor, contador de estórias, já lacei boi, montei cavalo brabo, fiz saliência, danação, já fui feliz, desci boiando o rio, brinquei de guerra feri uns corações.

Bom mesmo é ser estranho, azedo, feio e fedorento. Sábio, lezo, sonso, mas nunca traí a honra e tenho horror à pobreza de espírito e desonestidade.

Nunca tive castidade, nunca aceitei minha idade, portanto não tenho cidade nem comunidade.

Já corri com medo da vaca, subi em pé de caimbé e de lá vi o horizonte e no auge da sanoloucura Deus me disse: "Não tem jeito, esse é você e não te falo mais nada. Procure um espelho e se multiplique. Vai, infeliz, que você não é nada disso. Você é um artista, e só".

Publicado originalmente no livro "Makuxi - memória
e cultura", Laboratório Corpus, Santa Maria-RS, 2014

Quando a pesquisadora Neusa Carson passou estudando por nossas terras, eu estava nascendo. Quando publicou sua tese, eu estava com três anos de idade.

Para rememorar aquele tempo, temos que voltar a outra época. Devemos pensar juntos, a partir, ou bem antes, do momento em que meus ancestrais mais remotos passavam por um intenso frenesi, devido ao contato direto com viajantes exploradores europeus. Imaginem uma paisagem, um povo em ebulição, em meados do século XVI. Isso aconteceu e, de certa forma, nos preparou para vivermos até os dias atuais e daqui em diante.

Antes desses contatos diretos com culturas tão diferentes, as europeias, os Makuxis já estabeleciam contatos com culturas similares, com outros povos representantes de nações indígenas que habitavam milenarmente a franca região hoje denominada Amazônia e Caribe, e, assim, já ocupavam seus espaços naqueles tempos.

A cultura Makuxi talvez seja a maior prova de que adaptar-se é a única forma de sobreviver, daí avançamos rápido no tempo, vindo de lá para os dias atuais. A contribuição de trabalhos como o da doutora Neusa Carson, entre outros destacados pesquisadores, de certo modo, foram fundamentais para a construção e continuidade dessa trajetória. A manutenção da língua falada e, posteriormente, escrita, como uma base elementar, mas ao mesmo tempo viva e dinâmica, é uma garantia de que as diferentes culturas têm de referenciar-se e, partindo dessa referência, lançar-se rumo a outras interações e até experimentações em termo de linguagens e de comunicações.

Hoje, olhando o tempo, podemos perceber solidamente o papel das ciências humanas como contraponto a todo tipo de violência desferida sobre os povos nativos americanos. Nós, Makuxis, em especial, vivemos ainda hoje e sempre viveremos em constante adaptação. O trabalho da doutora Neusa Carson continua vivo, atual, pertinente, essencial e reflete a expectativa de se manter viva a cultura por meio da língua. Ao mesmo tempo, os Makuxis adotam outras línguas e linguagens para falar de suas trajetórias e de suas necessidades atuais e futuras.

Na ocasião da passagem de Neusa Carson como pesquisadora entre os Makuxis do Brasil, estes lideravam um grandioso movimento que, no contexto geral, contou com o apoio de outros povos vizinhos, outras igrejas, outros países e diversos militantes. Tal movimento, que nessa ocasião já estava consolidado como o CIR – Conselho Indígena de Roraima –, crescia com o propósito de ser um centro de articulação política e social que consolidasse os interesses de diferentes povos frente a demandas urgentes, como terra, no termo amplo e irrestrito, garantia de moradia e de dignidade plena. Neusa Carson colaborou ao seu modo com esse movimento.

Hoje, depois de muita luta, luta que já contabiliza mais de 500 anos, os Makuxis podem olhar com firmeza para o futuro. Porém, quando fazem isso, com a mesma firmeza, ainda ouvem os lamentos dos ancestrais e a agonia da história recente. Doenças, assassinatos, violências de todos os tipos e humilhações continuam ecoando na memória. Quando o índio Makuxi dos dias atuais olha com firmeza, o futuro surge, turvo, mas surge. Essas mesmas passagens memoriais e sensitivas refletem no futuro, tão dolorosas quanto quando a atual política global continua a ameaçar a pouca conquista desse e de todos os povos originários do Brasil, assunto ao qual não vamos nos deter, pois já nos basta imaginar.

Embora viver na expectativa de um futuro incerto ainda seja viver, essencialmente, os Makuxis perpetuam-se. Hoje, depois da secular e drástica baixa na demografia, reerguem-se como povo, numa estimativa de mais de 20.000 pessoas habitando a tríplice fronteira Brasil, Guiana e Venezuela, sua terra ancestral, insubstituível.

Embora lentamente, considerando todos os desafios possíveis e inimagináveis, os Makuxis avançaram e seguem avançando em todas as áreas da expectativa de vida, como educação, saúde, demarcação de parte de seus territórios tradicionais, busca por espaços e representações políticas, ideológicas e partidárias, cursos de formação superior diferenciada com foco em gestão do território e na busca por autonomia plena.

Ao mesmo tempo em que se deve comemorar tudo isso, é preciso manter a sabedoria ancestral da vigilância sempre viva, pois ainda é perigoso ir à esquina ou estar sozinho à beira de um lago. O perigo estampado ou disfarçado em muitas faces, em muitos meios, ainda é real e sempre será.

Nas artes, na Literatura, na língua, no artesanato, no saber medicinal, na espiritualidade, na organização social, na articulação – dos jovens, das mulheres, dos professores –, na transculturalidade, no dia a dia, na oralidade, nas roças, nas caçadas e pescarias, nas atividades coletivas, nas reuniões comunitárias, nas assembleias gerais dos tuxauas, em todos esses fazeres e saberes, os Makuxis continuam vivos.

Em Roraima, faz lama, de manga e caju, na festa da mosca da carambola. Chora meu estado inane diante de tanta psicodelia. Lá, além daquela paisagem dos deuses, demônios atuam de gravata e o povo se mata na periferia; cárcere maior do dia a dia. Processos em gavetas, atrasados, adulterados, trancafiados e os índios surrados sem culpas, ou seja, sua culpa, o belo viver, e só. Culturas trocadas, valores inversos, o triste diverte e eles batem palma no aeroporto ao reacionário. A fina corrente que fecha à noitinha é bem mais leve que essa grossa que arrasa de uma vez só o caimbesal, pondo a correr o canaimé que mendiga, pedinte, no asfalto esburacado, arguindo seu progresso. Aviões que chegam sem horário, que levam o nosso erário, abduzem mais que OVNIs, que, de tão óbvios, não têm mais graça. Desce canoando, o índio envenenado, aquele que não foi recrutado para o garimpo ilegal nas terras da união. Militares nos quarteis não cuidam dos planteis e nesse rastreio aéreo, só mistério. Comandam organizados, de outros presídios, o lado sujo do grande negócio. Com palavras cruzadas entre democracia e meritocracia, eis os chefes. Ditaduras pessoais, desejos de arma com coldre. Passe e não me cobre, me beija e tá tudo bem, o eleito pensa que tudo comprou. Escolas vazias, merendas em falta, apanham os professores dos políticos do dia. Bancada voando em enxame, pra lá e pra cá, sobre a floresta que some de cima dos isolados. Minérios raros, filhos da terra em hipnose, palácios costurando o futuro, buscando linha ao lado, deixando de fora fibras prontas, os filhos natos. Roraima das maracutaias, das madrugadas em vendagens de tempos eleitoreiros. Roraima das melancias, peixes podres, buchadas ao povo, e viva a merda da meritocracia. Roraima das redes pequenas distribuídas com nojo nas vicinais e malocas frias, onde pontes queimadas são fruto da guerra gerada para mais caos. Essa madrugada eu passo com minhas mangas, pra manter minha vida cabocla, pois ninguém verá. Ninguém verá ou saberá, pois, visível mesmo são corredores lotados dos hospitais, reuniões, mídia paga e especulações das grandes corporações. Falta leito e cadê o eleito, que voa, pra lá e pra cá, prometendo aos bestas que estão no vício, recrutando noviços. Esse ano eu não vacino meu gado, estamos livres de aftosa, meu candidato ganha e eu vou pra Dubai, esqueço conselho de pai e vou ser feliz, pois besta é o povo e você, meu capataz!

# ¡MIRA! - O CONTEXTO DA OBRA, DO ARTISTA E DA OCASIÃO

Publicado originalmente no blog do projeto !Mira!,
em 9 de junho de 2014

Em geral, somos levados a entender a arte como um conjunto de informações e emoções intrínsecas ao objeto contemplado, traduzidos em múltiplos valores. Tais objetos elevam-se à condição de obra de arte quando são percebidos, assimilados e digeridos, no sentido mais amplo do termo, por um grupo de pessoas pré-dispostas a aceitar a sugestão de um sistema que envolve profissionais, contexto político-social e mercado. Nesse sentido, a arte pode parecer só mais um produto, fruto da criação humana, na busca de preencher espaços criados pela relação de oferta e consumo, na busca incessante por novidades ou simplesmente pela obsessão de criar algo "novo e importante" no contexto da "evolução humana".

Isso é uma questão; uma perspectiva do contexto. Agora, para além de buscar re-significar o termo-referência arte, convém aceitar que, ao reunir uma coleção diversificada de obras, ¡Mira! nos envolve num desafio complexo e instigante. Instigante porque a arte indígena contemporânea está inteiramente relacionada com a sensibilidade do artista em produzir uma ponte de comunicação para o inatingível, em nível da imaterialidade referenciada pelos espíritos dos ancestrais. Perceber o que não se conhece, sentir esse espírito no áudio, no visual ou em outros meios é um dos desafios mais instigantes. Outro desafio vem do lado de fora da galeria, do lado de fora do contexto, das ordens não naturais das coisas, do sistema oposto ao propósito da vida e da magia, da negação a coexistência. Exatamente, falo de 25 povos originários da América do Sul, neste contexto representado por 54 artistas e suas obras-trajetórias em contraponto com o senso comum de que existir pressupõe seguir uma única via ditada por outros, a hegemonia e o unilateralismo.

Passear no jardim da criatividade, nos recantos sagrados ainda mantidos em busca de arte indígena, não é exatamente um exercício de colecionador na busca de eleger tão somente as formas e cores que mais lhe enchem os olhos. Não, não é! O que a Coleção ¡MIRA! reúne são pontos de interconexão, de uma ligação fortemente estabelecida entre os homens e os seres fantásticos que habitam estas terras desde que não se tem memória. Nesse exato ponto, se percebe o propósito maior da arte e do artista indígena como comunicador entre dois mundos. Sem medo do exagero, é fácil acreditar na atuação sobrenatural dos guias na condução dos curadores. Como selecionar aleatoriamente o que não é aleatório, casual ou fruto da individualidade?

O ponto comum que as obras de arte reunidas na ¡MIRA! têm são: o valor incalculável do saber ancestral, a energia espiritual, a força da resistência e a magia pela busca de perpetuação em um tempo visivelmente predisposto a ignorá-los com a ideia da homogeneização inevitável. Então, quando se reúnem obras de artes de diferentes povos originários, imagina-se, em uma outra escala, quão articulada está a teia da ancestralidade e nós, artistas e articuladores, somos a parte visível, palpável, e cabe a nós costurar com vigor essa teia para mirar a perpetuação dos saberes.

Para começar a saborear o que de melhor os artistas indígenas têm para oferecer, é preciso, antes de tudo, entender que cada traço, ponto ou cor foi concebido em um estado de energia único. Que essa energia tem origem em um passado remoto, de onde tudo se origina, estaciona momentaneamente nos dias atuais, guiando os sentidos do artista que segue mirando fixamente para o futuro; o futuro comum que todos esperam. Essa é uma via de entendimento, mas, nessa trajetória, muitos detalhes estão diluídos e para esses detalhes estarem ao nível da percepção humana, cabe a nós espectadores o exercício doloroso da espera e da busca. Só assim, com o tempo próprio, o apropriado será sentido na plenitude.

# A EXPERIÊNCIA CRIATIVA NAS COMUNIDADES INDÍGENAS

Publicado originalmente na revista
Mundo Amazônico, número 5, em 2014

Aqui irei tratar o tema da experiência criativa nas comunidades indígenas, a partir da comunidade e a partir do indígena. Não vou tratar sobre os processos e as técnicas porque isto está diretamente relacionado com a minha formação de artista, que é auto-didata. Não fui para a universidade de artes, então meu trabalho é a expressão de toda a minha vivência. Eu sempre acredito que a arte é feita através de um lápis que tem duas pontas: a ponta da frente que fixa no presente, e a ponta de trás que se fica no passado. Sou Makuxi. Os Makuxi moram no Brasil, Venezuela e Guiana, antigamente Guiana Inglesa, hoje só Guiana. Nossa realidade, assim como as demais realidades ameríndias, é muito complexa, muito rica, rica de diversidade e de comunicação.

Sou Makuxi mas venho representando no mínimo onze etnias, que é o coletivo que eu represento. Temos um projeto coletivo artístico e cultural indígena chamado "A reinvenção do tempo na perspectiva dos netos de Macunaíma: artistas indígenas roraimenses e suas cosmovisões em artes visuais tradicionais e contemporâneas". Embora Macunaíma não seja o único deus das onze etnias, foi um consenso utilizar o nome dessa divindade pela representatividade de transcendência que teve, através da fama que se adquiriu no Brasil, especialmente através do livro de Mário de Andrade (embora nosso trabalho de Macunaíma não tenha nada a ver com o trabalho de Mário de Andrade). Esse projeto coletivo está começando a se ramificar por várias vertentes, e tem a data inicial de 2011, quando a gente colocou todo o projeto no papel.

Realizamos nosso primeiro encontro de todos os povos, do dia 11 ao 19 de abril do ano de 2013, na cidade de Boa Vista, simultaneamente com outras festas que estavam acontecendo em outras comunidades das nossas terras indígenas. Nele se reuniram dez etnias da floresta amazônica, da região de savana, os indígenas que moram na cidade e os indígenas que moram na montanha. Cada ambiente desse tem uma influência muito grande na cosmovisão desses povos e há muito tempo eles se comunicam. A intervenção do europeu interrompeu divergências que havia inter-tribos, forçando-as a se comunicarem para sobreviver mutuamente.

Nesse projeto a gente conseguiu reunir artes plásticas, que é uma comunicação nova entre os povos indígenas, a literatura, que é uma nova habilidade entre os indígenas, assim como a fotografia, o audiovisual, as vivências, o artesanato, que é milenar, a música milenar, a dança milenar, a culinária, bebidas, cerâmica, trançados, oralidade e também as pinturas corporais como uma comunicação que evoluiu junto com a nossa própria origem. A gente teve o apoio da Universidade Federal de Roraima, da Funai e de empresas particulares. Esse projeto foi idealizado, articulado, coordenado pelo grupo de artistas indígenas. Essa é a experiência que a gente está vivendo de estar à frente dos nossos próprios projetos, que é um contraponto na história dos 500 anos de contato, onde todo o material produzido sobre indígenas tinha sido apropriado por não-indígenas. E sabemos todos a complexidade dessa relação.

O projeto surgiu da necessidade de articular as várias formas do fazer artístico indígena, inicialmente no estado de Roraima. Nisso também entram reflexões sobre o que é a arte indígena, se ela existe, qual o futuro dela, que expectativas ela tem. Surgiu da possibilidade dos artistas indígenas experimentarem uma forma de organização coletiva que seja autônoma, com base nas suas próprias expectativas, considerando a multiplicidade de suas culturas e necessidades. Surgiu da necessidade de evidenciar a produção cultural dos povos indígenas para colaborar com a construção da verdadeira identidade do estado de Roraima (e consequentemente do Brasil), tendo os artistas como protagonistas neste processo.

O nosso coletivo de artistas indígenas tem como projeto a busca da autonomia, da coletividade, da originalidade, do diálogo, da consolidação de parcerias, da formação crítica, a conscientização política, a construção de novas alternativas, a interação com outros movimentos sociais, o reforço do movimento indígena por meio da arte e experimentar um caminho para a sustentabilidade; buscar maior representatividade e participação social, atuar ativamente em assuntos de interesse global – como a questão da preservação da Amazônia.

Nossos planos futuros são a manutenção do projeto e ampliação, a fidelização das parcerias e a incorporação de outras, a continuidade da coesão do grupo de artistas e a incorporação de outros, o estabelecimento de um calendário permanente na cidade de Boa Vista, conseguir apoio das lideranças para apresentar mostras nos centros regionais das terras indígenas (e esse é o nosso maior sonho, levar nossa arte também para as comunidades do interior, para o povo que mora na aldeia mesmo, vivendo e cuidando do tempo da nossa existência). Queremos conseguir apoio financeiro e logístico para realizar essas incursões pelo interior.

Eu sonho mesmo em ter um grande caminhão para colocar todo mundo dentro e passar um mês numa aldeia, um mês na outra, fazendo vivências, contação de histórias, para construir essa cultura coletiva. Discutir sempre essas propostas com o grupo e construir modelos de atuação baseados sempre na coletividade. Nós estamos lá, existimos, queremos ser vistos, então temos condições de buscar o aluno branco, na sua escola, levar ele para ver a gente, e depois deixar ele na escola de novo. A gente tem condição de fazer isso e vai chegar nesse ponto de fazer isso. Buscar um amparo legal, jurídico e administrativo. Queremos também buscar a conexão das artes indígenas com outros segmentos e demandas dos povos nas comunidades, como escolas e associações na cidade. O projeto nosso está em franca expansão, a gente está dialogando numa única causa, que é a sobrevivência coletiva de todo mundo.

# ÍNDIOS: IDENTIDADES, ARTES, MÍDIAS E CONJUNTURAS

Publicado originalmente na revista Em Tese,
Belo Horizonte, maio de 2016

**Nota**

Este ensaio tem o propósito maior de expor um pensamento coletivo minimamente organizado acerca dos fazeres e saberes que evidenciam e legitimam a Arte Indígena Contemporânea. O tema sinaliza para a complexidade do argumento e trata mesmo de uma ferramenta de poder, de praticar a política de resistência e de avanço na cena viva da atualidade. Como uma floresta virgem, o texto convida o leitor ao desconhecido, se não do todo, a deixar repousado, por instantes que sejam, suas parcas referências e conclusões para ouvir, ver e sentir, talvez, uma argumentação repleta de evidências. Auto-identidade, a busca de suas raízes e suas projeções em ramos frutíferos, uma viagem alucinante da ancestralidade ao tempo em construção, o presente transitório. Me utilizo de linguagens pares, de tudo que a arte proporciona com estas tecnologias, para fertilizar outras entranhas. Escrevo sobre as veias frias, contatos entre culturas, parâmetros polidimensionais das abordagens. Socializo meu pensamento, fruto do alcance que me é possível, resultado de minhas leituras, com identidade e cultura própria, sendo fruto do meio e um produto em mim mesmo, por teimosia. Sou índio, sou artista, sou mídia e caminho beirando o senso comum, os carimbos taxativos e as investidas em descaracterização. Fundamento meus argumentos em experiências, vivências, abordagens recorrentes e, não sem medida, mergulho em valores universais como poder e dominação, mídia e sentimento. O juízo de valor, a força suprema das violências em vozes mais altas, em tamanho maior de contingente, na frieza e no desdém com o descoberto, o agressivo e perigoso selvagem. São apenas animais, irracionais, pagãos sem memórias, portanto, sem sentido e sentimentos; ainda perdura essa sentença. São índios e desconhecem os nobres sentimentos, caminham sobre os recursos do nosso desenvolvimento, são de fato empecilhos. Damos-lhes, visto que deles nada teremos, outros valores. Damos-lhes a fé para que compreendam-se no mundo, damos-lhe ferramentas para que deixem seus estados animalescos, por fim acabamos de vez com esta miragem do tempo. Cai por terra esse anseio e levanta um coro reverberante de ancestralidade em meio a toda corrupção política milenar ainda mais viva na atualidade.

**Os "índios"**

A literatura especializada empenha-se em explicar ou, ao menos, tenta explicar à luz de vários argumentos, ou falta deles, os termos genéricos para designar tais personagens – os índios. Contendo, nestes, os próprios ensejos do movimento indígena brasileiro em universalizar a forma mais correta de se referir politicamente aos remanescentes à chegada dos europeus. Índios, indígenas, povos indígenas ou tribos? Não param aí os conectores, os pontos fluidos de nosso ser. Avançamos para o direito à terra, aos costumes e tradições, às novas adoções e desusos, à fé, ao manifesto coletivo e ao propósito próprio, o índio pessoa. As suas legitimidades no agora e suas passagens para um futuro possível precisam, sem dúvida, de mais atitude e menos teorias. Uma única certeza temos e deve ser consenso: tratar a questão no singular é um erro básico, falta sentido crítico e não gera possibilidades.

As ciências afins fazem seus deveres e aos poucos parecem se abrir ao inevitável, qual seja, ouvir cuidadosamente o que dizem aqueles que alçaram outros patamares na cadeia cruel das visibilidades, a mídia. A arte fala por voz própria e sua legitimidade antecede às imposições. Como forma de poder, cabe aos nobres cientistas o exercício de considerar como fonte válida as manifestações que tomam volume e adeptos no campo prático das experimentações. Artistas oferecem suas habilidades, e seus produtos são objetos de poder; vida, trajetória, memória, contexto e espiritualidade. Esse pacote de política sempre existiu.

O novo talvez esteja na firmeza em manterem-se crescentes e situados na grande curva dos valores exigidos para seguir fluentes, as mídias abertas. Não, aqui não adentraremos nos pormenores das nomenclaturas, visto que, na prática, não é exatamente disto que precisam os descobertos (sic) de uma rede possível e justa de existências. Estamos de fato para além dos conceitos e também justifico minha aposta em referenciar meu escrito nos termos que povoam o imaginário no palco vivo onde me manifesto.

Lá, fora dos muros das instituições, as pessoas por tudo querem saber: você é índio de verdade? Índios ainda existem e como eles são? Quando uma pessoa pergunta com tanta solicitude, referindo-se à minha pessoa, postura e configuração mais complexa, se sou índio de verdade, ecoa nesta voz um sentimento universal de desconhecimento de trajetórias ou mesmo de fluxos possíveis entre a floresta e as metrópoles, o palco atual onde poucos ocupam. Sobre tais questionamentos sou enfático, sim, eu sou índio de verdade, mas tenho aqui um leque de outros índios, talvez um deles te satisfaça.

## As identidades

Eu sou, tu és, nós somos, eles ou elas o são. Não é exatamente querer compreender o ideário, tampouco medir faculdades e lacunas do ser. A arte mostra paisagens já formando outras. Paisagens são composições que independem e partem, na prática, da ideia de plataforma multidimensional, superfície rugosa, farta em camadas, em contrastes, com sentidos próprios e do todo. Paisagem também é a compreensão abstrata de cada um e, em determinado estágio, o sentido de paisagem remete ao zero pensar, mas de fato requer a relação ser – pertencer – enxergar-se de dentro e por fora. Parte do princípio do auto manifestar-se, inserir-se coletivamente sem esquecer-se a essência de pessoa única. Trata-se da busca à exteriorização, por meio de mídias, das melhores expressões artísticas e culturais e por conseguinte mostrar-se no todo, nisto que se conhece como atualidade. Mostrar-se por espontaneidade, por consciência e por saber o que fazer para garantir-se vivo, no meio, na média, com autonomia e protagonismo.

A exposição midiática nestes tempos pode dizer muitas coisas e não devemos esquecer a palavra moda, como algo solto no tempo, exaltado e esquecido à revelia do brincante, sim, um perigo a mais. Moda, não incorramos nesse risco, pois apenas alcançamos a mídia e ela tem seus próprios meios de fazer-se em nós e nós por múltiplas habilidades negamos e afirmamos por outros meios. Operamos ancestralidade em códigos universais no agora transitório.

A arte vem para extrapolar nossos próprios sentidos se tivermos firmeza em suportar as baionetas dos julgamentos. Para nós, índios, nunca fará qualquer sentido o todo em separado. E se a arte separa é para chamar a atenção para o sentido do todo. Identidade é algo construído, em constante mutação, que pode ser interpretada facilmente pelo externo, mas que, de fato, prescinde à pessoa como parte de um todo maior, somos nós os maiores interessados.

Viemos recentemente da oralidade. Não só nós, o Brasil segue quase analfabeto. O nosso país é uma incógnita, um amplo palco físico de climas e geografias próprias que pouco dialogam postas as últimas fronteiras, a censura recorrente. Assimilamos aos poucos e é preciso respeitar nosso tempo. Compreendemos o mundo e devolvemos mais vida, mais possibilidades e somos condenados.

Não me cobrem. Teóricos, talvez, me contemplem, mas não é mesma coisa que eu dizer. Ao mesmo tempo, minhas afirmações são retratos, momentos de minhas vivências. Cabe pedir a chance para me colocar sem ser conclusivo. Entendo, estamos na sala de aula e consciências se formam com a riqueza dos valores ou desvalores individuais; há quereres e pesos em cada sentença. Não deixaremos jamais a oralidade, mas, adotar outras mídias, é uma opção, um direito, caminho, canal de fluidez.

**A arte indígena contemporânea – mídias e conjuntura**

Aquelas pinturas deixadas nas rochas são códigos dizendo cavem, aprofundem, usem seus recursos para o autoconhecimento, para a autonomia. Que recursos seriam esses? Memórias, xamanismo e outras habilidades extra-sensoriais. A arte empregada na compreensão de si enquanto indivíduo fragilizado na dispersão, mas que, tendo acesso à tecnologia de ponta, flui sem perder a razão de pedir permissão ao deus do lugar. Em termos simples seria a costura, a junção dos elos do tempo para uma projeção midiática carregada de valores alcançados ao longo do tempo que ainda parece sutil, quase vago.

É confortante acreditar que as inscrições deixadas nas rochas sejam impressões, informações recebidas pelos xamãs em seus trabalhos de consultas aos espíritos superiores durante os rituais para receber instruções para a vida prática. O Xamã e seu ofício aliado às habilidades artísticas, como ritos, cantos, danças, performances e, claro, o desenho, modo mais ilustrativo de repassar a informação que deveria ser concebida por todo o grupo em cada situação em particular. Aqui, temos pistas contundentes de como a arte esteve manifestada desde sempre entre os povos primeiros.

A arte prestar-se ao sentido prático da vida, sendo uma habilidade xamânica para orientar sobre locais de caça, modos de guerrear ou modos de usar recursos para curas ou mesmo feitiços contra inimigos. Ao operar as habilidades artísticas na contemporaneidade, percebo o efeito de forças externas à minha própria razão; as imagens se formam em uma espécie de consciente expandido, acompanhado de visões e sensações que, além do ilustrado, preciso me dotar de outros recursos como a escrita e o audiovisual para melhor designar o efeito.

Ao passo em que me descubro enquanto artista, recebo estímulos sensoriais que me conduzem a aceitar uma ancestralidade latente, que ora se apresenta bastante sincrética e quase sempre me faltam os termos completos para me fazer compreensível. A busca por maior lucidez pressupõe outros exercícios, como enxergar mais vida, cultivar mais união, valorar sobremaneira a memória.

A busca por uma prática de espiritualidade pressupõe aceitar que indivíduos quaisquer, dotados de múltiplos valores, permanecem mais compostos, mais complexos, mais reais nas medidas de suas escolhas. Para manter-se sensível à voz da natureza, que fala em sussurros para ouvidos puros, seus filhos diletos que ela mesmo resgata nas horas de infortúnios, é preciso sensibilidade e aceitação. Não há fronteiras entre a arte e a vida plena dos índios. Categorizações vieram depois com as mídias e a ciência e mesmo estas já não sustentam seus argumentos, indo buscar substância nos artistas indígenas que se dispõem a falar ou escrever sobre seus processos criativos, que se manifestam politicamente no todo.

Já sabemos estar indo no sentido contrário da vida plena. Embalados no redemoinho encantando do mito do desenvolvimento, os indígenas hoje experimentam valores como pobreza extrema. As estruturas sociais também colocam alguns como ricos, desenvolvidos, organizados, em detrimento de outros que não tiveram as mesmas condições, o mesmo tempo de se reposicionarem no mundo. Os povos indígenas como quaisquer seres viventes não estão alheios a uma tendência generalista de que todas as sociedades caminham para um mesmo fim pelos mesmos meios. Sim, os indígenas também querem e merecem o desenvolvimento. Isso é audível e visível, está no cinema esta informação.

Os artistas indígenas adotam tudo do novo e também falam de mitos, sendo ainda, estes, eternas lendas, já sendo urbanos. Em resumo, o que almejamos enquanto artistas indígenas é, ou deveria ser, o romper urgente com ideias passadas de um índio geral, imaginado, visto de fora para dentro do mato. Talvez, não uma desconstrução, mas uma agência em motivar o olhar geral para construir conceitos novos que traduzam o nosso momento transitório de cultura e sociedade.

Queremos e podemos, mas, de um modo geral, devemos ter prudência. Quando aplico tal sentença, busco atuar numa linha comum de existência no palco prático de uma vida mantida pelos recursos naturais. Exatamente, o que talvez mais nos caracterize é a habilidade em viver em estado de plenitude colhendo direto da natureza todos os nossos insumos. Mas vê-se esse elo enfraquecido e, na oferta de outros recursos, caímos em armadilhas que não nos colocam a priori como uma nova classe social; deixa um vácuo de existência, que deixa em desamparo todo um gênero humano. É buscar emergir os índios atuais, com toda a diversidade e extensão de raízes, e situá-los, com vozes e ferramentas plenas, no agora, a projetarem-se no futuro comum de outros desafios.

O acesso ao consumo industrial e o descarte de seus resíduos, eis nossa maior preocupação. Alcançar a cultura dominante e tornar-se mais um alheio à reutilização, reciclagem, à limpeza do ambiente natural. O artista indígena, junto com sua base, tribo, comunidade ou bairro, é exposto no todo, por meio da arte, numa relação que engloba fazendo todos os tempos e sentidos se equivalerem em desafios. Reunidos, dizem em todas as dimensões: nós existimos e somos ou estamos assim. Esse assim seria uma condição de angústia, uma experiência decadente de contato com a vida moderna, tal qual a grande sociedade que, não sendo desenho, passa ao infortúnio do inevitável.

As frustrações, doenças da alma, como a tristeza profunda, aliadas a novos vícios, como drogas químicas e alcoolismo, são heranças do novo tempo. Um tempo maldito, descrito bem antes, novamente pelos xamãs, a fuga para o mundo espiritual como recurso possível, o suicídio. Talvez não lhe pareça, mas falamos em conjuntura.

Neste ensaio minha exposição é feita em várias frentes. Aqui falamos do estado pleno, do índio como senhor de seu tempo, que trafegou na história dissipada e se vê no agora escrevendo livros, publicando conselhos para se auto recordar. Como é viver na modernidade? Como manter-se presente se não dissermos quem somos? Se não o somos como tais, nada seremos e vagaremos indigentes nas vias das grandes incógnitas. É nesse mostrar-se, nesse dizer coletivo que reside toda a força da arte entre os índios e não na ideia central de um ponto fixo para a pura abstração do outro externo.

A arte se mantém igual, como no princípio, entre nós, e não é mero fruto da providência. Por nós, manifestada, serve de alerta e orientação, pois não estamos mais evoluídos se tendemos à autodestruição. Abstração é outro conceito que a arte indígena não atende, pois, tudo nela é significado e concreto no seu modo de existir. É sim um forte romper com a invisibilidade, ou que seja, um ampliar a visibilidade para outros campos da nobreza do existir, da bravura de vencer o cotidiano geralmente violento. A arte fala de seu berço, respira trocas e é sempre atual, precisa ser contextual, sentida no todo e por cada um como uma experiência única com propósito coletivo. Índios alcançando projeção midiática por meio da arte própria é novidade no Brasil das contradições, das revelações. Índios que escrevem livros são fenômenos recentes e esse produto, o livro do índio, ou a arte do índio, não o são sem o todo, sem a trajetória paulatina do contatos, de adoções e renúncias.

O produto cultural do índio contemporâneo é, antes de tudo, um testemunho fiel de um sentimento sem tempo definido. Em uma visão mais ampla, é um transgredir constante a relação dos índios com a arte nesse tempo, que já soma alguns milênios em muitos palcos. Por ancestralidade acessam a genética das origens e não desenham uma história repetida ou contam uma história mal contada. Não tem qualquer tempo ou fronteira. Lidam com intimidade com metafísica, metalinguagens, invisibilidades e, agora, têm muito mais que a oralidade, têm a mídia.

Hoje os índios fazem arte em tudo e são premiados como tal e, dessa forma, a arte, os prêmios, as linguagens artísticas são resgatadas nos circuitos da arte e levados para o circuito do povo. O índio atual vive onde e como pode e vê-se arte no meio da floresta, onde não está alheio ou isolado de recursos ou atingido por fragmentos de resíduos do grande mundo cíclico.

Para quem se propõe à analise, o que poderia significar um artista indígena de destaque expondo agora as coisas em outro ângulos, de dentro do mato pra fora? Talvez, os tempos ultra móveis não caibam mais nestes conceitos fixos, e práticas certificam, antes da ciência, pelo poder da mídia e o acesso amplo ou restrito a ela. É muito recente a noção de arte como tal entre os índios, e lembro que antes era percebida por outras práticas, outros propósitos. Pelo que vejo em minhas vivências os jovens artistas indígenas estão em processo de experimentação do talento. Como referência, busco estimular-lhes a permanência fiel à natureza, viver em vigilância.

Com o termo experimentar o talento, quero dizer que os jovens indígenas se armam de ferramentas da tecnologia disponível para a plena expressão, indo muito além do desenho ou da pintura. Ao adotar, plenos de si, a arte contextual, indígenas artistas do novo mundo revelam como mídias, muito mais que memórias, revelam universos cruzados de sabedoria plena e estado de mero acaso, sujeito, sempre sujeito ao olhar alheio.

Querer falar ou escrever sobre arte entre índios, nos contextos de mídias contemporâneas, é ser alçado ao ângulo mais alto da perspectiva mais ampla sobre pluralidade. Se o autor é indígena ele se expressará como tal e será uma ponte, ele próprio vivendo a grande experiência. Se o autor não é indígena, a Arte Indígena Contemporânea para ele deve ter o efeito da coisa imaginada. Bem nesse ponto, argumenta-se identidade com algo que nos leva à sensibilidade e a manifestações de elementos da espiritualidade.

Tudo parte, parece, de deixar uma brecha para a desconstrução. Eu não posso imaginar, pois escrevo como artista indígena, e, estando nesta posição, quanto mais se tem de referências ajuda, ou ao menos, alimenta-se o instinto da busca, apimenta o sabor da descoberta. Diante de tantas maravilhas o justo aventureiro volta ao seu lugar e envereda pesquisa para seu futuro já a partir de um ponto fixo. Sou isso, diz com autonomia e certidão o homem do presente, eu me vejo aqui. Volta, da atividade de olhar amplamente o seu sentido, com suas coordenadas.

A primeira observação é a identidade ou a identificação. Sou o artista de um povo, ou, pertenço a um povo e sou artista. O artista indígena que consegue, o artista da atualidade, é o mesmo de outros tempos e os artistas índios de outrora também, mas eles não tinham mídia e hoje com tecnologias somadas abrem um veio novo para o alimento de todos e uma função a mais é empregada, o valor comercial da obra.

A arte indígena contemporânea é o pacote de vozes dos índios nas mais diferentes mídias. Um ponto determinante é: a arte precisa do artista, que precisa da comunidade, que precisa fluir na arte. A sociedade, a comunidade, precisa reconhecer-se no objeto da arte. E digo que o objeto da arte neste sentido são as interações, as várias mídias que são geradas por essas abordagens. A conexão ser-meio, local-global, matéria-espírito.

Vejo como um operador primário na complexa cadeia que forma a estrutura do fluir da arte. Sou da Amazônia e digo sem medo: conheço muito pouco esse lugar. Conheço muito pouco sobre metodologias ou termos e técnicas em geral. Escrevo como um complemento, pois tudo só vem mesmo com os complementos. A arte entre os índios na atualidade vem com todas as forças disponíveis, e até mesmo para escrever sobres esses fenômenos faltam palavras adequadas e a todo o instante o leitor é convidado a voar livremente pelos seus campos livres de criatividade.

A oralidade já fez muitos viajantes. Um narrador e seu ouvinte, um céu e uma galáxia. Forma, essa frase, uma paisagem inicial no nosso imaginário e ao darmos um *zoom* chegamos ao alcance dos sentimentos, que rementem à memória e hoje viram literatura e povoam a internet, influenciando um tempo em transição.

No tocante à conjuntura, é o protagonismo que permite revelar em mídia aberta que a notabilidade dos índios artistas ou escritores são frutos da resistência secular de seus ancestrais. A luta dos mais velhos, a luta dos antigos, que inclui, sim, manter-se invisível como estratégia, como agora exigem manter-se em visibilidade para não ficar soterrado, à parte dos grandes eixos gerais, a grande política, a luta de poder com poder. Em sentido mais prático, o aparelho estatal prepara medidas drásticas para o pouco alcançado, a negação definitiva do acesso à terra, as revisões e suspensões dos direitos adquiridos, a negação ao direito do amplo manifestar-se, numa nova onda de criminalização e sentenças para os plenos atos de fé e espiritualidade nestes mesmos canais de mídias onde providencialmente alguns furam os cercos e alardeiam que é possível mas é preciso lutar.

A proposta deste ensaio acredita-se estar mantida. Alertamos que não partiríamos de uma perspectiva conclusiva ou simples generalista mas colaboraríamos com um ponto de vista a mais sobre o assunto como teoria e sobre as práticas como evidências. A arte indígena contemporânea ganha paulatinamente mais palco por estes lados. No Brasil esta cultura ganha volume apoiada em manifestações, exemplos de países andinos e norte-americanos onde os debates destacam um estágio mais ordenado dos discursos com as práticas. No contexto aos esforços reunidos para evidenciar a arte indígena contemporânea no Brasil é preciso destacar a atuação das Universidades Federais como agentes colaborativos para o amplo crescimento da visibilidade das práticas. O mercado tem, junto com a mídia, o papel fundamental de reforçar que os índios seguem cruzando valores e avançando por campos antes improváveis para a ocupação de espaços. Frutos de suas próprias agências em conhecer, adotar e com práticas legitimar sempre em projeção maior em todos os aspectos, os artistas indígenas levantam a grande questão.

Originalmente publicado no site do autor, em 2017

A arte é o mais polido ato do grande criador. Ele próprio é o primogênito dessa mãe. É assim mesmo. Parece faltar o ato precedente, mas esse é só o nosso teimoso querer.

Uma superfície pressupõe a existência de fluxos e a natureza plantou em nossos olhos lágrimas para umedecer a parte mais dura do ser, o coração.

Felizes os benditos que dão vida à paisagem, que floreiam a resistência nas horas mais duras da grande passagem. Há uma razão para tudo ser e ao homem foi dado mais: a capacidade de transgredir o que os outros seres não fazem às nossas vistas.

A porta se abriu para o desconhecido e na hora errada se deixou o paraíso. Parecia tudo perfeito e muito harmonioso; não teria graça. A ordem como tal não daria um bom romance. Então vieram os primeiros, antes de nossa presença, bem antes, as astúcias. Lá, no princípio de tudo, bem antes disso, tem a origem de tudo. O dono de todas as coisas gosta de brincar.

Foi dessa vontade incessante que ele nasceu e criou todos as coisas. O ser das invenções só tinha um sentimento, era um grande criador. Criava o tempo todo e logo criava coisas sem nome, soltas na imensidão para lá na frente, à reação do ambiente, acharem seus próprios propósitos. Assim, o brincar passou a não ser bom, então já estávamos na nova era.

Os gêneros estavam desfeitos e em variações profundas os questionamentos feitos. Diante da quase nudez, eis que não há mais remendo pois existiam três e o vencido nunca se deu por tal e não poderia haver paz.

Antes foi dito que podia existir amor com esta comunhão, um novo tempo. Mas faltaram as condições, as quantidades certas e de tanto amar se excederam, os amantes, em suas certezas. A liberdade se encheu de veneno, a magia do equilíbrio nunca foi o livre arbítrio.

Os sentidos das palavras estavam distorcidos, mas os efeitos de seus poderes, vivos, atuando.

O livro das primeiras ordens foi escrito nestas circunstâncias. Foi o primeiro mas não era mais o princípio. Foi uma tentativa tardia de ditar obediência, o que nunca caberá pois existem superfícies estimulando transgressões.

Para além das superfícies, existem mais e mais possibilidades. Elas dialogam no sentido de acharem substâncias em nossas mentes ou silenciosamente invadirem nossa dormência, afloran-do em coisas sem qualquer possibilidade de explicação. Felizes os benditos que dão vida à paisagem, que floreiam a resistência nas horas mais duras da grande passagem.

# A ARTE INDÍGENA EM EXPOSIÇÃO ITINERANTE

Entrevista por Leandro Emelito,
publicada no Portal EBC em 8 de julho de 2016

A exposição "It Was Amazon!" (Era uma vez Amazônia), apresenta 16 obras em preto e branco que retratam os usos e abusos da natureza na região da Pan-Amazônia – termo utilizado para identificar a floresta amazônica nos diferentes países que ela abrange: Brasil, Suriname, Guianas, Bolívia, Equador, Venezuela, Colômbia e Peru. A exploração da pessoa, o alto impacto na vida selvagem, os contrabandos e desmandos na floresta são os temas abordados em sua obra.

A discussão sobre a arte indígena contemporânea resultou de uma articulação entre artistas, artesãos, lideranças, comunidades e a sociedade em geral tendo como espaço seu ateliê, a Galeria de Arte Indígena Contemporânea. No local, Jaider realiza o trabalho de articulação e fazeres coletivos comunitários desenvolvidos com o povo Xirixana, habitantes da Reserva Indígena Yanomami, região de floresta amazônica, além de atividades com os povos indígenas do lavrado e das montanhas. "Quero acreditar que os índios percebem e fazem arte desde sempre, mas hoje ela serve para propósitos atuais, que podem agir naturalmente com ela na vida plena alcançando dignamente o mundo possível", explica. "Hoje vivo da arte e me considero um livre pensador, um artista autônomo".

**Como surgiu a ideia da exposição itinerante?**

Da necessidade de dar maior visibilidade e acesso ao meu trabalho, que completou cinco anos em 2015 e compreende vários fazeres, saberes e contextos coletivos em linguagens pares. Da necessidade de expandir o entendimento sobre a compreensão maior do fazer artístico no que se entende com Arte Indígena Contemporânea no campo prático e contextual. De mostrar o que eu compreendo como relação Local-Global. De socializar com o mundo a visão do artista que carrega em suas obras referências ancestrais no contexto da contemporaneidade. De buscar o protagonismo amplo em termos de pensamento livre e autônomo, dialogando franca e diretamente com todas as áreas do conhecimento, sejam as academias científicas, a sociodiversidade e o argumento maior qual seja, construir coletivamente um mundo viável para toda a humanidade. E, após viver e dar aulas por oito meses nos Estados Unidos, estar entre os artistas mais importantes da cena atual brasileira e ainda permanecer "invisível" são boas razões para a itinerância em todo o território nacional.

**Qual o trajeto e porque a escolha desses lugares?**

A itinerância será intercalada em períodos médios de 5 meses, entre estes períodos retorno ao meu estado de origem, Roraima. A etapa I compreende a abertura pelo estado do Maranhão e segue na ordem geográfica - PI, CE, RN, PB e PE. Escolhi o estado do Maranhão por razões específicas. Pela relação histórica que liga estes dois estados. No período da escravidão índios Makuxis e de outros povos da região foram trazidos como escravos para o trabalho no Pará e Maranhão. Esse fato pouco é citado na história oficial, e logo, séculos depois, políticos levaram contingentes de maranhenses e gente de outros estados nordestinos para trabalhar em serviços braçais no ainda território de Roraima, sendo já uma estratégia para a formação de "curral eleitoral". Esses eventos possibilitaram a ligação histórica, social e cultural entre os estados e obviamente o maranhense contribuiu para a formação base da identidade cultural do estado de Roraima. Por o Maranhão ser entrada/saída para a Amazônia assim como Roraima e ainda dividirem ou compartilharem desafios e oportunidades semelhantes em diversas perspectivas.

**Desde quando você se dedica à arte?**

Minha relação com a consciência artística, ou seja a noção sobre o meu talento e habilidades remetem-me aos meus 6 anos de idade. Deixei a casa dos meus pais aos 18 pra morar na capital Boa Vista (Roraima), para estudar, criar uma estrutura básica para a minha vida de artista, assim, em 2010 inicio minha carreira como escritor premiado pela Funarte/Minc. Desde então considero-me artista propriamente dito. No mês de junho de 2016 demito-me do Sistema Elétrico Brasileiro, onde estava concursado desde os 19 anos se idade. Hoje vivo da arte e me considero um livre pensador, um artista autônomo.

**Quem foram seus principais professores nesse processo?**

Nenhum. Meu avô que me contou as lendas e me disse que o mundo era um encanto. Sou autodidata, desenvolvo-me dos contatos e livres observações. Eu sou geógrafo, a academia me ajudou a organizar metodologicamente meu pensamento, mas sou fluido e não me categorizo.

**Que outros artistas você tem como referência?**

Gosto da vida de Frida Kahlo, outros não se fixaram na minha memória.

**Quais temas você costuma abordar nos seus trabalhos?**

A vida plena, a falta dela, a natureza expandida, viva, morta, agonizante, na maldade da natureza humana, a loucura total que meu imaginário alcança.

**Em que tipo de materiais você prefere trabalhar?**

Tudo que eu consigo alcançar pode virar arte, mas eu gosto mesmo é de escrever em português e desenhar livremente em tudo, pintar tudo.

**Qual a importância do Encontro de Todos os Povos nesse processo?**

O encontro surgiu da minha perplexidade em enxergar o mar de possibilidades, magia e mistério que a arte pode proporcionar, de achar uma forma de dizer: "tá tudo aí". Por entender que o artista, se quiser, pode poder. Foi para mostrar como cativar a união, a transformação maior que se pede diariamente mas nunca se alcança. Foi uma forma de mostrar: "vejam vocês todos, pode ser que seja por aqui, querem? Vocês podem, tá tudo aqui!"

**Você sempre desenhou e escreveu mas começou a trabalhar oficialmente com a arte por meio da literatura. Como você concilia esses dois fazeres artísticos e como um influencia o outro?**

Hoje pra mim tudo é arte, categorizar não me compete, eu sou artista, não sou ciência.

**Como são as vivências coletivas indígenas em arte contemporânea e como isso contribui para o seu processo artístico?**

Eu vou onde me convidam, entendo que nada pode ser impositivo, eu sempre quero acreditar que a arte deve ser vista como uma possibilidade. Quero acreditar que os índios percebem e fazem arte desde sempre, mas hoje ela serve para propósitos atuais, que podem agir naturalmente com ela na vida plena alcançando dignamente o mundo possível. Não concordo com o modo de educação ocidental, tampouco quero ser tido como professor.

Novamente eu digo: todos são capazes, e a arte não é nada sem o artista. Sempre é uma relação de prazer e dor, ver quão distante as pessoas estão de ver-se na íntegra.

É gostoso quando uma mulher vê-se além de suas funções culturais e biológicas, de gerar e parir mais um pra guerra, quando ela pinta-se para uma festa onde ela nunca pensou ser importante. E é só, a arte nas comunidades é de cada um em particular e eu não alcanço o pensamento deles, são outras maravilhas e lá é sagrado, mas não segredo, talvez. Só eles, os alcançados ou os excluídos, sim, pois arte exclui, podem falar de seus sentimentos, para mim enquanto artista, claro, é a glória.

**Você viveu até os 18 anos onde hoje é a Terra Indígena Raposa Serra do Sol. Qual a importância da demarcação dessa área?**

Um exemplo para o mundo da necessidade de se respeitar o que existe desde sempre, antes de qualquer lei moderna, ou seja, as pessoas e suas relações indissociáveis com a terra, com a memória e a ancestralidade. Sobre este assunto cabe outra entrevista. Eu defendo, apoio e acho que sim, valeu, não será em vão a morte por assassinato de centenas de pessoas na defesa de seus tudos, a vida plena e em paz no seu berço sagrado.

# "A ARTE FAZ O ÍNDIO SAIR DA INVISIBILIDADE E ENTRAR NO UNIVERSO DE PENSADOR"

Entrevista por Yasmine Holanda Fiorini,
publicada no Diário Catarinense em 11 de abril de 2017

Nascido onde hoje é a Terra Indígena Raposa – Serra do Sol, Jaider descobriu habilidades artísticas na infância, mas trabalhou na Eletrobras e formou-se em Geografia antes de se dedicar exclusivamente às artes. Em 2016, foi indicado ao Prêmio PIPA de arte contemporânea brasileira e ganhou na categoria online, com votos do público. Já foi convidado para expor e dar aulas na Pitzer College, nos Estados Unidos, e é realizador do Encontro de Todos os Povos, evento em Roraima que promove o protagonismo dos índios.

Em residência artística no coletivo NACASA, na Capital, onde vai trabalhar e receber o público interessado em seu trabalho até o fim da exposição, Jaider recebeu a equipe do DC para um papo. Confira:

**Arte indígena**

Meu trabalho é sempre visto com bastante espanto, porque eu fujo um pouco da ideia do indígena como um cidadão acanhado, envergonhado e até meio medroso ao se expor e reivindicar a identidade num país em que é muito massacrado. A arte faz o índio sair da invisibilidade e entrar num universo bem restrito que é o de pensador, de pessoas que influenciam a sociedade.

**Itinerância**

Comecei a trabalhar com o canson preto e a caneta branca e fiz alguns desenhos sobre a Amazônia atual com uma perspectiva de desromantizá-la. A itinerância começou em julho de 2016 e não faz parte de nenhum edital, não tem financiamento e é sustentada com a venda do meu material. O mote desse trabalho vem carregado desses elementos e signos, questões da identidade, espiritualidade e referências ancestrais nessa contemporaneidade. O desafio é traduzir essas informações em algo acessível nesse grande vácuo que tem entre o imaginário indígena e a realidade.

**Índio contemporâneo X tradições ancestrais**

Quando você sai em campo para encontrar a vida prática do índio, você se surpreende. Tem indígenas tribais que vivem nus, "selvagemente" na floresta. Já no Maranhão, por exemplo, encontrei uma tribo de índios aparentemente "descaracterizados" na fisionomia, índios brancos, loiros, com uma espiritualidade e uma religião bastante sincrética, misturando vários elementos da cultura afro. A diversidade indígena no Brasil é muito grande. Mas as realidades no Brasil são essas, tem o índio selvagem, que tá correndo com medo dos madeireiros, das fazendas, que não tem para onde ir e vai ter que sair da floresta ou então morrer. E tem um índio mais conectado com o mundo, que está trabalhando com coisas nunca trabalhadas pelos índios.

**Representatividade**

Politicamente, é pouquíssima. E, quando conseguimos, a estrutura política inviabiliza que tenhamos algum protagonismo. Existe toda uma política de desestruturação da organização indígena para evitar que consigamos acessar o parlamento. É um desafio urgente entre nós. O maior risco é perder as políticas públicas que são garantidas por meio de lutas de anos. As pessoas vão para um limbo cultural e social, não têm recurso nem estudo para alcançar um trabalho na cidade, não têm mais terra nem segurança para se viver no campo. É uma forma política e administrativa de extinguir vários povos.

Pudera eu sendo índio falar e escrever em todas as línguas nossas. Mas não preciso quando o que eu mais preciso já sei, o caminho da roça. Vou andando pelo caminho da roça vendo os olhares e neles me lanço para saber como é. Muitos perdidos distam sem mais horizonte no sentido oposto da sensatez. Loucos tiranos, sujeitos da cultura de massa! Ouvem isso em ruídos os trabalhadores que topam os desocupados no mesmo caminho. Todos querem ter, fato. Como ter? Quando e quanto ter, argumentos. Acordá-los de tão profundo sonambulismo é tarefa para quem ainda vem, pois entre esses viventes e suas filosofias, não há. Sim, foram postos mil obstáculos, como árvores grossas tombadas de um fogo em estiagem e isso tudo é simbolismo. Mas devo dizer que em tudo, para aquele que quer, há sim um jeito digno. Entre todas as aflições que a gente divide, é desconcertante ver o povo perdido, dormente em pureza de um lado, avaro e astucioso por outro. Ver o povo pedinte, humilhado e humilhando-se como o mais cruel dos vícios possíveis é o campo da semeadura. O povo engessado por outras forças, por promessas e costumes da nova cultura dominadora, é fruto colhido. O povo com vontade de ter, de comer e se achar quase sem força de ir à caça é cotidiano em mídias. É urgente e tende a piorar o que os organismos mais próximos tentam acertar com poucos triunfos, o caminho para a sustentabilidade. Parece básico ter terra e plantar, colher e comer mas não está dando. Não está dando por vários motivos que até se sabe mas não se aceita pois seria o fim dos argumentos, a fraqueza da ciência, a nudez da política. Fugas em hipocrisia, redes atadas naquele tempo passado querem sem mais poder, alguns dos mesmos. Enquanto se filosofa sobre tal, curumins nascem a todo momento, no bojo. Enquanto o lamento não rompe o silêncio dos inocentes por baixo se rouba o chão e o céu. Então, cairá das escrituras a fórmula mágica para tal solicitude? Não, definitivamente não. Também nunca haverá isonomia pois isto não existe. Arisco dizer que a nossa melhor resposta ainda é o trabalho. O trabalho cruzado, a troca, o troco e a honestidade como um jogo aberto. O trabalho em sua forma plena. O trabalho somado a outras habilidades incluindo a cultura, não como fuga, mas como tudo o que a gente é, o que a gente quer e sabe. A sabedoria do trabalho, a reinvenção e reordenação do trabalho pode como uma cacho de bananas que amadurece da primeira à ultima palma, seguir um fluxo. A banana madurinha se come na hora, ou pode ser levada pra comer em casa, amassada com farinha. A mais verdinha dá pra fazer mingau e a mais verde mesmo só poderá ser comida nos próximos dias e isso tudo é simbolismo. Sim, deve haver um sentido, a natureza guia aos seus direitos, o que é mexido pelo homem tem outros efeitos e é a vida. Mas o trabalho forma uma redoma e por fora, fortes fatores desentendidos, sem nexo com o dia a dia e com a prática do trabalhar. Lá estão novamente a cultura, o trabalho, a política de partidos e todos os seus folheados. Ao redor da redoma tem muita verborragia e o pisoteio confunde a juventude que se perdeu de encanto e roda em círculos sem mais achar o rumo, o prumo, o caminho da roça.

# PARA ADIAR O FIM DO MUNDO

Intervenção de Jaider Esbell no programa "Conversas para adiar o fim do mundo", dentro da instalação "Ágora: OcaTaperaTerreiro", de Bené Fonteles, na 32º Bienal de Arte de São Paulo, 2016

A minha ideia de mundo e a minha relação com a arte é algo que construo desde que tenho memória, a primeira infância. Eu sou Makuxi, povo do tronco Caribe que "estacionou" nas imediações do Monte Roraima, na tríplice fronteira, a Amazônia Caribenha. De fato o povo Makuxi nunca parou e deve seguir a eterna andança até que se ache em tudo que se considera alcançável. Dizem os mitos do nosso povo, viemos também do centro da terra e lá tem muitos de nós, ainda. Nossa população de mais de 20.000 pessoas que se auto declaram vive em diversas realidades e configuram diferentes paisagens socioculturais, econômicas e espaciais. Os Makuxi estão segmentados em várias organizações de classe e não há unidade absoluta de posicionamento político como qualquer outra sociedade definida. Eu respeito o CIR como a maior organização indígena local. Por extensão considero as demais organizações que fazem parte do movimento indígena pioneiro em Roraima autênticas. A grande maioria dos Makuxi vive na Raposa Serra do Sol, reserva de 1,7 mil hectares homologada em 2009 e devolvida também aos Wapixana, Taurepang, Ingarikó e Patamona. Após mais de 40 anos de luta política sistemática contra garimpos, bares, vilas, fazendas, hidrelétricas, monoculturas e todo tipo de invasores, os nativos ocupam suas terras ancestrais e nela buscam viver como bem entendem. Os Makuxi vivem tanto na reserva como nas cidades sedes dos municípios, na capital Boa Vista e em outros estados e países e todos têm suas devidas importâncias no contexto geral de povo. Eu nasci na região da Raposa e meu avô foi criado como menino de fazenda, na modalidade Convivência Pacífica. A convivência pacífica é um artifício de inverter realidades, quando o colonizador conclui pelo colonizado que ele é mais bom que ao contrário. Outra parte da família ainda vive nas comunidades. Em outros momentos outros trabalharam em diversas frentes de serviços inclusive garimpo, mas, em resumo, somos agricultores, pescadores, coletores natos. Menino de fazenda é uma espécie de faz de tudo. Todos os tipos de trabalho braçal e sem limites de pesos, horários e responsabilidades são obrigação dele, o que eles, os exploradores chamam de caboco. A convivência pacífica é o argumento do invasor para tentar dizer que a relação indígenas/exploradores era saudável, consentida e até desejada. O que hoje se conhece como trabalho escravo ou trabalho infantil foi comum como ainda é, nos mais remotos sítios da vasta paisagem capitalista. Fomos, de certo modo, raptados da aldeia, mas a cena de um pai indígena entregando o filho ao fazendeiro aparece isolada quando de fato não está. A grande tragédia pode nunca ser totalmente interpretada pois ela é diversa e cada família, cada comunidade e cada indivíduo tem uma experiência pessoal e coletiva com o processo histórico maior. Temos uma certeza, nunca sairemos do campo das interpretações, por opção e por sabedoria evitamos voltar a

sofrer expondo-nos ao julgo pesado da justiça maior, cega e (ab)
surda. Cresci entre a comunidade e as vilas, fui vaqueiro ainda
criança e vivi nesse pouco tempo de vida sucessivas conquistas
por mera insistência e rompimentos. É importante relatar que
os Makuxi, que também vivem na Guiana e na Venezuela, especialmente no Brasil, são em boa parte, criadores de gado. Aqui
outro ponto de parada; explicar talvez seja preciso para balizar
o contexto maior e não exatamente para se justificar. São criadores bem sucedidos e quando o assunto é ser autossuficientes,
isso não quer dizer que sejam ruralistas. O manejo veio com a
prática, o vaqueiro makuxi foi ainda criança para a fazenda, foi
levado e aprendeu a lida, retornou pra cuidar do rebanho da
comunidade em outro momento. A comunidade é uma organização constituída por uma ou mais famílias cruzadas, um sistema que se mantém em si em constante contato com o externo.
Importante conhecer que a adoção da cultura bovina e equina,
foi uma estratégia de sobrevivência coletiva, pois a regra coronelista à época, ditada por fazendeiros em sua maioria de origem
nordestina com apoio do Estado, era expulsar os indígenas para
a Guiana ou ilhá-los no topo das montanhas para deixar livres
os campos naturais para a expansão de suas fazendas. Diziam
eles: quem não tem gado, não tem direito a terra. A minha arte
nasce disso, dessa complexa mistura de realidades e fantasias,
um palco belíssimo de natureza e violência, mito e crua realidade. Eu busco enxergar além fronteiras, busco alcançar uma visão
extrapolada para além dos limites geográficos e da geopolítica
dominante. Não há domínio nem recorte quando tratamos com

arte a realidade. Quando ainda criança quis ser artista queria evidenciar os mitos. Logo que alfabetizado em casa, por minha mãe e irmãs, vejo que o mundo não é tão maravilhoso, vi que a violência que os makuxi sofriam na prática, era uma prática global generalizada. Vi que havia dois lados e no meio o silêncio dos que gritavam por respeito e dignidade. O mundo é tornado cruel pelas pessoas. E, ser bom ou mal é meramente uma ótica não exatamente espacial, mas de afinidades por interesses. Assim, ao sair cada vez mais da zona das aldeias e fazendas, fui ampliando minha visão de mundo. Fui sentindo aos passos dados à aventura do encontro com a grande cultura, a cidade, a escola e a religião antes da espiritualidade, os degraus para uma talvez consciência, construída por heranças e influências. É necessário falar que o povo Makuxi é guerreiro em sua trajetória. Por liderar antes com guerra depois com política outros povos chegando a líderes do movimento indígena brasileiro e influenciar a América Latina e o mundo é para falar de algo maior com exemplo, com evidências. Seguimos abrindo portas acreditamos. Mesmo que muitos de nós mesmos trabalhem declarados ao propósito contrário. Os povos originários nunca foram uma unidade mas há unanimidade quando a razão é existir em suas identidades coletivas próprias. Quando se percebe que as guerras entre os povos eram aberturas para o extermínio pelo colonizador, houve, em parte, unidade. Nessa construção sobressaem-se relações que haverão de se perpetuar pois a guerra é mesmo do homem e a política reforça, sustenta. A minha arte não é reprodução de grafismos, minha literatura não copia os mitos e lendas de domínio do povo pois entendo que esses patrimônios são sagrados e só devem ser usados em ocasiões especiais, que não são produtos individuais e não devem ser vendidos para usufruto pessoal. A minha arte é totalmente contemporânea com referência ancestral e se projeta com o uso de todas as ferramentas modernas que consigo manusear. Antes de tudo digo que talvez não haja palavras adequadas, que falta boa disposição ao entendimento mas a força maior do ato feito é o fato, o efeito. A minha arte nem eu mesmo a categorizo. É forte e poderoso o fluxo e o processo rompe as passagens a ponto de não caber na mão exigindo a alma. Extrapolando todo o meu ser, o meu trabalho talvez seja necessário para uns, para outros uma vergonha, a outros afronta. Desafiando as teorias, pedindo novos conceitos, é insuficiente ainda tudo o que já foi proposto. Sim, sofri discriminação e ainda hoje sofro, mas nunca cedi ao convite de esquecer minhas origens. Nunca aceitei o acanhamento, isso que muitos consideram bem caracterizar os indígenas. Sempre parti para o enfrentamento e elegante ou ríspido respondendo meus agressores com a sabedoria que a hora me socorre. Tenho certeza, são instruções de meus guias espirituais, estes que acampam meu sentido depois de limpar meu horizonte de ter sido catequizado e catequizador. Sou Makuxi mas acredito que meu trabalho reflete uma necessidade comum a todos os povos nativos. Seja dizer para o mundo que não somos simples, simplistas ou simplórios e que não cabemos e nunca caberemos em categorizações impostas. Que merecemos ser respeitados em nós mesmo, que temos culturas e sistemas próprios em tudo inclusive e especialmente tecnologia e espiritualidade. Que queremos viver em paz onde bem entendermos e de preferência perto de nossos cemitérios falando nossas línguas o que também tentaram matar. Quando eu apareço na cena artística é por meu trabalho de pensador, o desenho é apenas uma linguagem, uma ferramenta de poder para chamar a atenção e daí em diante provocar uma situação de porquês e porquês ou mesmo não. Eu sou parte indissociável da minha arte e quem se arvorou me separar dela não foi muito além exatamente por não achar as entrelinhas. Hoje eu colaboro com a ciência, não sou pesquisador, não tenho instituição, cacique, mas presto atenção em tudo e busco respeitar. Os Makuxi e outros povos por quem sou conhecido me veem como referência, se alegram em mim e também não ficam tão felizes quando eu digo: parentes, isso aqui parece não estar certo! Eu me avalio constantemente para não me deixar incorrer nos mesmos erros do colonizador. Não é desejável que nos tornemos exploradores e que também não permitamos explorações, sejam dos homens, animais ou da natureza em sua completude. O universo indígena, vamos usar esse termo, é o mesmo do homem branco salvo as devidas proporções. Também somos aventureiros, céticos para algo e lúcidos de verdades em outros campos. Os indígenas também têm ambição, ganância, fazem guerras, são territorialistas e realmente não vivem em um mundo romântico. É um mundo prático, livre e também cruel que tende a cercear se for balizado por valores morais da massa de conceitos saturados do velho mundo maquiado. Meu trabalho não é mera ilustração para outros discursos, não atende aos anseios da mídia de querer entender o Índio a partir de minha expressão pictórica. Eu talvez venha mais para confundir que esclarecer. Meu trabalho no fim acaba dizendo em outros palcos que o Índio, que requer dos menores males, ser chamado de indígena é perpétuo em seu querer, e que a modernidade deveria romper de vez com a ideia romântica de que existe o bom selvagem, pacífico, solidário, cheio de regalias e defensor absoluto da natureza. Não é bem assim. Existem muitos indígenas como brancos, conscientes do cuidado com a natureza como mãe provedora de tudo, outros, nem tanto. Indígenas permanecem em suas naturezas ancestrais, e alguns adotaram em tal profundidade a cultura geral a ponto de se tornarem tão devastadores como qualquer outro ser humano. Eu sou artista e minha cabeça funciona como a cabeça de um artista. Eu sou makuxi de Roraima mas sou do mundo, levo a aldeia mais longe e trago lá parte do mundo aos que nunca saíram. Nunca saíram por opção, ou condição, por resistência ou falta de coragem e tem inclusive os que não querem saber de nada disso e eles estão certos em suas certezas. Tem quem queira e se interesse, pois antes de tudo devemos entender que cada indivíduo sabe se colocar no mundo, sabe o que quer e o que não quer. Existem muitos indígenas talentosos, mas enquanto artista observo estendendo minha análise não só para o indígena mas para todo e qualquer talento que não esteja, por qualquer razão, em sintonia mais evidente com a política. Acho que arte deveria ser mais política que cultura e entendo que uma está na outra. Que elas dialogam mas ambas logo partem em suas definições se os operadores não a tratam com foco e destreza. Queremos arte transformadora ou queremos entretenimento? Queremos paisagens ou consciências? Essa foi a minha forma de me colocar no mundo. Na arte, meu traço é 10%, talvez, o restante são habilidades de comunicação, capacidade de liderança, disciplina, diálogo, respeito, doação e exposição por meio de mídias conjugadas com bom reforço da literatura. Como artista tudo para mim é substância. Não posso de forma alguma ser taxativo, ser conclusivo e muito menos tender ao radicalismo me fechando em mim mesmo sendo eu fruto de minhas escolhas. Eu espero mais ajudar que obstruir, abrir novos fluxos para o diálogo que talvez nunca aconteça. Acredito estar colaborando para mais perto trazer o outro, e, estando eles frente à frente, digam mesmo no silêncio o que nunca foi dito e o futuro aconteça e seja bom para ambos.

Acontece que eu me descobri. E que muitos olhos curiosos já me olhavam há muito tempo, isso eu descobri também. Agora estou eu, cá, e quanto mais me demoro, mais a floresta é encolhida. Tudo vai rápido; meu tempo e eu flutuamos no quase vazio, morno, antes do fim. Eu vim do meio da floresta clamar por meu povo e por mim, que estou como você. Estamos no turbilhão desse tempo que deixa todo mundo sem casa. Não, isso não deve ser coisa de Deus, mas coisa nossa mesmo no trato com a terra. Me dei um tempo pra pensar na arte. Coisa de que todo mundo fala e eu já vi. Disso, posso ter bastante, lá, com meu povo. Lá, temos coisas fantásticas que jamais caberiam em molduras, pois estão vivas. Elas se movimentam o tempo todo mudando de forma. E em estado de espíritos, são invisíveis para os comuns. São coisas grandiosas que ficaram de fora da história. Estão de fato para além do concebível. Para caber no todo, é preciso ser olhado muito do alto ou de muito longe. Te mostro apenas algumas palavras de poder, algumas pistas dos mistérios que decoro com coisas coloridas e brilhantes da modernidade. Mas isso é só um pouco do que posso te mostrar. A reunião dos bichos em tomar outras formas. Todos em transe do que se bebe do que se colhe das folhas. Depois, nelas mesmas, desnudam-se de tudo, esperando unicamente o tempo passar. Mas há passos grandes nas folhas ressecadas. Coisa que me metem medo; veneno, violência, vazio de verde consumido pelo fogo que não apaga mais. Esse vento de ar saturado espalha cinza nos meus olhos. Eu já vejo tudo se misturar. Me demoro em meus afazeres, mas as sombras das árvores vão mudando, vão se escasseando, e eu ainda tenho que ir à roça antes da chuva, antes do fim, do fim do dia.

**Gostaríamos de começar a conversa com algo que você disse em outra entrevista: "A identidade indígena não é simples. São várias tradições, um palco extremamente complexo de interações sociais, costumes, habilidades e práticas que passeiam por todas as esferas possíveis e inimagináveis. Tais relações vão da ponta da teia da ancestralidade até ao último alcance da nano tecnologia". No seu trabalho de artista visual, como você vê a relação entre diferentes temporalidades?**

Eu não sou um artista visual. Eu busco ser um artista que busca romper a visualidade a partir dela mesma indo além. Meu trabalho, no todo, é projetado para estar na alma de quem esteja próximo. Estar próximo é como também buscar algo além da mera visualidade, é para alguém que compreende e aceita a existência de camadas distintas de sentidos e dimensões extrapoladas, algo que nos deixe realmente com a sensação de perda de controle como estar em um não-lugar, sentir não-imagem, não achar tempo/espaço, não encontrar a forma. É não buscar categoria, não receber classificação, não caber em conclusão, não repousar em compreensão. Me expresso em minha máxima capacidade de exteriorização e me fundamento fortemente no invisível, no não palpável, no além das coisas materiais e conceituais que a ciência e/ou a literatura ilustram até então.

**Como foi o processo de saída da Terra Indígena Raposa Serra do Sol para a cidade? Qual foi o motivo da mudança? Como é a experiência como indígena na cidade?**

Tudo foi uma estratégia, caso pensado. Quando me descobri artista ainda na infância, morando na nossa casa que hoje é parte da reserva indígena, sabia que só uma boa estratégia me faria alcançar a chance de me expressar artisticamente. Deixei a região aos 18 anos com ensino médio concluído e fui para a cidade para fazer parte. Normandia [em Roraima] e minha realidade não me ofereciam condições para eu fazer o que pretendia. Eu precisava de estrutura mínima, fui pra cidade para continuar a jornada que envolvia ter um trabalho e um salário. Vir para a cidade foi uma decisão assertiva pois o novo ambiente me desafiou e pude corresponder com elegância. Arrumei um trabalho e logo em seguida concurso público para uma estatal e tive de fato, uma carreira técnica e um ótimo salário para construir a base estrutural. Em meu caso específico, o foco e a determinação me fizeram ter acesso aos sistemas urbanos e nele me fiz fazer parte. Ser indígena na cidade é descobrir-se nos muitos que já estão lá desde sempre, pois antes de ser cidade, esse mesmo espaço já foi uma grande aldeia. Importante ressaltar que fico como desvio padrão na realidade estatística das experiências gerais dos indígenas em ambiente urbano.

**Qual a sua relação enquanto artista com o seu povo, os Makuxi? Existe uma responsabilidade envolvida em usar elementos da cosmologia do seu grupo para obras que circulam nacional-**

**mente? Como atualizar a ancestralidade na contemporaneidade?**

Eu sou visto com perplexidade pois consigo levar os Makuxi muito além do nacional. Sim, total responsabilidade em ter que representar, apresentar e, sobretudo, desromantizar a nós mesmos. A representação é intrínseca. Reunindo muito de algo impensável para um indígena, inevitavelmente sou rodeado de fãs, curiosos, mestres e mestras que se abrem para mim na expectativa de me ajudar a entender mais a própria cultura e mostrá-la ao mundo. O povo Makuxi é um povo guerreiro e muito habilidoso na política. Não é oficial, mas os Makuxi e outros povos vizinhos tiveram contato com europeus antes mesmo que os povos do litoral fossem contatados pelos portugueses. Entre as pessoas Makuxi tem sim os que não comungam com minha exposição, geralmente "lideranças" e outros atores influenciados ou sem muito compromisso com o grande contexto. Tem quem me inveje e tenta me aniquilar com feitiços e etc. Isso é mesmo nossa cultura, somos assim entre nós. Eu estou firme no meu posicionamento e balizo minha ação em: é crime? É ético? Transgrido o sagrado e ofendo? Se nada disso é sentido, nada há de errado. Por fim, sou artista, algo novo entre a gente. Mas tenho a força e acredito saber suficiente para tranquilizá-los alertando que a arte é maior que nossos viciados valores modernos e que a arte não deve pedir autorização a ninguém para ser-se. Assim, reúno e expresso uma arte mais completa possível e como arte, envolve os críticos em seus próprios discursos e geralmente eles se perdem em suas certezas e a transformação acontece.

**Muita gente acha que a autoria individual é contraditória com modos de produção coletivos indígenas. Na verdade, a questão nos parece mais complicada. Qual o lugar da invenção do artista em meio a cultura de um povo?**

Preciso saber se você concorda como essas pessoas e se também achas que conhece "o modo de produção coletiva dos indígenas". Pois estamos falando de arte e deves saber que não existe arte sem a figura do artista. Não vou entrar em discussão sobre arte-artefato. Eu sou desse tempo, o agora, e vejo os indígenas de hoje e vejo que eles não tem muito futuro se insistirem em resistência sem avanço. Teorias antropológicas clássicas da estagnação e visão comum romanceada sobre o nativo não cabem mais em nosso mundo. Se eu não tivesse assinado minhas obras, você nem teria a chance de fazer esta entrevista pois eu estaria diluído em invisibilidade. Os Makuxi são muito bons em política e em estratégias. Eu não sou uma criação de mim mesmo, eu sou fruto de uma trajetória de movimento e penso aberto desde sempre. Vejo com clareza que as fronteiras existem mas para mim elas se abaixam me pedindo para eu passar pois parece uma necessidade geral essa vontade-curiosidade de se ter acesso aos "índios". O lugar da invenção do artista em meio a cultura de um povo, talvez seja por em questionamento as próprias ideias de povo e cultura. De todo modo e para além de nossas ideias de controle está o fato de que; quando vou a Paris falar de arte, por exemplo, a inteireza Makuxi vai junto, pois eu não vou falar de Makuxi, embora seja um deles. Eu saio para ir além e a aldeia nunca sai de mim, ela se faz em outro ambiente, em tudo. Eu vou fazer e socializar arte, a mais completa e bem exposta possível pois é simplesmente isso o que acontece. A partir do meu trabalho assinado e transcendente, muitos Makuxi já se olharam criticamente e certamente estão em atualização de valores, ou ao menos bastante incomodados, o que é pra estar mesmo.

**Você poderia nos falar mais sobre o conceito de "arte indígena contemporânea"? Como você enxerga a inserção dos artistas indígenas no cenário atual da arte?**

A arte indígena contemporânea é tudo o que sempre se negou ou sempre não se aceitou, é a nova realidade não mais sujeita a entendimento, mas totalmente madura para o consumo de todos, especialmente dos próprios indígenas. É importante pensar que a arte, nesse grande contexto, remete e bebe muito do conceito europeu e vaza pela falta de suporte limitante na grande contemporaneidade. Há indicadores que defendo ter na conjuntura do conceito- chave. Inserção e arte indígena con-temporânea estão mesmo juntos, mas busco deslocá-lo para o recorte espacial do termo enquanto origem e fluxo, logo, busco vê-los no grande mundo compondo o desfio de fazer-se pleno em sua intenção maior e mais urgente. Dar vazão ao existir pleno dos seus artistas eis a arte indígena contemporânea que não é sem uma base, um compromisso, um pertencer em duas frentes com o povo. Muitos indígenas não conseguem fazer parte desse existir e mesmo passam a existir na cota de fora, ou excludente que também faz parte da arte maior. Importante aceitar que o "cenário da arte" está além dele mesmo, pois nesse argumentar está a ideia de uma centralização o que eu nunca acreditei de fato. Tem arte para todos os lados e modos de inserção também acontecem para além de nosso controle.

**Como são os encontros na sua Galeria de Arte Indígena Contemporânea em Boa Vista? É um lugar de apresentação das obras individuais ou também de produção coletiva?**

É um espaço de coletividade em construção. A ideia é provocar o autoconhecimento e resistir ao desejo de reprodução dos modelos clássicos já experimentados, com arte. A galeria oferece espaço de interação coletiva e tem obras de arte assinadas individualmente e obras de grupos definidos. Trabalhamos o conceito de coletividade e não de coletivo. É um lugar que pretende se tornar um ponto de encontro, um ponto de referência e dispersão dos mostráveis que temos para exibir.

**As redes sociais são ferramentas importantes na divulgação do seu trabalho? Você acha que as novas tecnologias permitem um maior diálogo entre indígenas e não-indígenas?**

Sem o facebook eu realmente não seria o Jaider Esbell tal como sou em matéria de alcance global. Diálogo entre indígenas e não-indígenas de fato, ainda não aconteceu a ponto de satisfazer. Eu percebo que, no geral, as pessoas não usam minimamente focadas os recursos bons das novas mídias. Há sim uma mútua exposição e até um acirramento de conflitos, inclusive e especialmente entre os próprios indígenas. Diálogo construtivo visível ainda é muito pouco em relação à capacidade transformadora das redes em sendo bem usadas. Essa questão não é simples ou simplória, ele me chega carregada de possibilidade e eu pretendo ser o mais fiel possível às minhas percepções. De fato há um abismo entre os mundos ainda e pontes tentam ser construídas mas ainda faltam suportes básicos para o lastro sólido do diálogo. Com a arte, por exemplo, podemos pular mais alto, ser vistos mais longe, mais dentro, ou mais fora que a política pura e simples. A arte tem furado os cercos dos apartaides e protecionismos e forçado uma nudez de consciência ainda não percebida antes.

**O seu trabalho entitulado *It Was Amazon* tem o título em inglês se referindo a Amazônia no passado, todo nas cores preto e branco, com contrastes marcados. Em uma das telas a palavra "Progresso" aparece em destaque. Qual o papel que a arte indígena pode ter para influenciar as decisões políticas que regem as mudanças atuais na Amazônia?**

Nunca influenciará as decisões políticas se nunca alcançarmos a indignação das pessoas, dos eleitores que são os alçadores dos políticos aos seus postos. A exposição é um convite para cada pessoa, um chamado a uma auto consciência até se chegar ao ponto de não mais aceitar os desmandos da política partidária, a operadora global, nos locais. Embora eu seja da Amazônia e seja Makuxi, eu sou antes, artista e estou no mundo pois estou nas redes. A exposição é para cada ser vivo que reivindica a condição de ser humano. Por isso ela é em inglês e por todas as óbvias razões ela vem no passado e em preto e branco. Só influenciará quando a força da arte atuar no coração dos grandes caciques que negociam com o grande capital, por exemplo, os recursos naturais, pois isso existem sim as corrupções internas. Quando fizer o efeito anticorrupção que se espera fazer em cada indivíduo comum, talvez. A coleção de fato não é para o governo, é substância para o povo fazer um outro tipo de governo.

**Você deu aulas de Artes e Antropologia no Pitzer College. Como foi a sua experiência no Estados Unidos? Qual a diferença que você vê do movimento indígena e dos artistas indígenas de lá para o Brasil?**

As semelhanças talvez facilitem as nossas vidas. São também seres incompreendidos, também são seres felizes e doentes de tristeza profunda. São realidades continuadas. Do Alasca à extrema Argentina só uma leitura pode ser feita; é cruel e muito injusta a guerra nada fria em que vivemos. Perceber leituras da ótica capitalista é possível, na conjuntura há índios "milionários", índios "homeless". Há reservas de fato e espaços nunca aceitos como casa, pois são terras impróprias e eles foram obrigados a ficar lá ou seriam extintos. Para a nossa realidade, é a mesma coisa, mas diferente. Não está bom não, pode sim melhorar para todos.

**Frente aos movimentos indígenas, que cada vez mais reivindicam protagonismo e lugar de fala autônomo, quais as possibilidades de interlocução com a academia e com a antropologia?**

A academia, portanto a antropologia bem como os demais operadores dos indígenas – vamos usar esse termo – estão em estado de vigília. Se não estão, deveriam. Quando um indígena estuda arte numa faculdade ou faz o curso de antropologia, por exemplo, ele está automaticamente impregnado de um pensamento moldado ou pelo menos foi fortemente convidado a um adestramento sistemático do modo de pensar, compreender e projetar as coisas. Mas ele tem uma saída, pois ele sempre será indígena. A nossa ideia de educação, mesmo a superior e dita diferenciada ainda está muito aquém de ser, de fato, libertadora. Os movimentos tendem a seguir o fluxo lógico do que se resiste em discursos. A academia precisa ver isso o quanto antes e mirar seus esforços não mais em uma ideia de explicação ou conclusão, ou mesmo tradução do que seja isso tudo. Alguns novos doutores e intelectuais *honoris causa* já conseguem perceber o novo universo inevitável e têm estado à dianteira em publicações e falas públicas para o novo papel que se exige deles mesmos. Pois se os indígenas precisam se reinventar, os que disso diziam entender estão ainda mais defasados.

**Você disse em uma entrevista que: "Já no Maranhão, por exemplo, encontrei uma tribo de índios aparentemente "descaracterizados" na fisionomia, índios brancos, loiros, com uma espiritualidade e uma religião bastante sincrética, misturando vários elementos da cultura afro." Como você vê essa questão da mistura e das diferentes possibilidades de ser índio hoje em dia?**

Eu enquanto artista e um curioso da cultura como algo vivo e dinâmico, acho fantástico esse alongamento do termo-arcabouço e sua aplicabilidade no reivindicar coletivo e individual de uma identidade indígena. Arrisco pensar que a busca por uma identidade aparentemente tardia não está fora da conjuntura maior que nosso país teve quando percebeu-se a grande chance de sair triunfante de uma indivisibilidade imposta por força aos nativos, desde sempre. Durante a invisibilidade os contatos e colonizações continuaram e como volto a dizer cultura é algo vivo, dinâmico mas prescinde uma raiz. Eis o floreio dos matizes e contrastes da grande aldeia reivindicatória. Importante você ler que a minha imagem causa neles, do nordeste especialmente, uma espécie de auto depreciação, momentânea talvez, de se verem indígenas sim, mas aparentemente muito longe de uma ideia (equivocada) de pureza. A compleição do "índio verdadeiro da Amazônia" cai com peso estrangulador sobre os ombros dos povos tão mesclados. Já ouvi deles mesmo a seguinte sentença: – vejam, esse sim é índio de verdade. Nós? Veja nossas peles pálidas. A midiatização do indígena idealizado em beleza e formosura é muito forte e demorará um bom tempo para ver que há índios de todas as cores e formatos e que talvez o reivindicar a identidade indígena seja uma forma de ao menos ser visto, mesmo como desnecessário, para não estar de fato no lindo dos inexistentes.

**Sobre a possibilidade de passar "descaracterizado" pela cidade, como é a sua escolha em relação a isso quando circula por centros urbanos?**

Sempre me chamam de boliviano, mesmo na Amazônia brasileira. Eu sempre fui índio e lido muito bem com isso. Vou passando e se alguém sinaliza uma abordagem eu estimulo marcando o ritmo de minha reação. De fato minha face nunca me deixou estar imperceptível. Esse é o meu caso específico, o que não é um reflexo da maioria das experiências cotidianas, pois não são nada glamorosas, tampouco a minha.

# ARTE INDÍGENA CONTEMPORÂNEA E O GRANDE MUNDO

Publicado originalmente na Revista Select,
em agosto de 2018

Ao longo deste texto devemos passear por territórios distintos do pensar e logo nos remeter ao pensar extrapolado. Para maior sentido, começamos a nossa abordagem por ressignificar conceitos básicos. Antes, devo dizer que, como autor, me construo de representatividade; e a socialização desse pensamento compreende bem mais que a minha posição individual sobre tão vasto universo. Não há como falar em arte indígena contemporânea sem falar dos indígenas, sem falar do direito à terra e à vida. Há mesmo que se explicar o porquê de chamarmos arte indígena contemporânea e não ao contrário. Na história da literatura especializada sobre arte contemporânea produzida no Brasil, não temos autores artistas indígenas. Nesse sentido, o componente novo surpreende por seu protagonismo histórico. Convidamos a um inteiro desconstruir para outros preenchimentos.

**Desconstrução conceitual**

Indígena e arte são de origem comum e indissociável. Aceitar essa sentença adianta o entendimento. O sistema de arte é algo paralelo e hoje eles se tocam, envolvendo-se para além das percepções dos especialistas. A arte indígena contemporânea seria então o que se consegue conceber na junção de valores sobre o mesmo tema arte e sobre a mesma ideia de tempo, o contemporâneo, tendo o indígena artista como peça central.

Um componente trans-tempo histórico e trans-geográfico é requerido. Falamos de ideia de país, mas a arte entre os indígenas hoje brasileiros vem desde antes de tudo isso.

A imagem sugere o encontro da relação de valores que têm os indígenas brasileiros (sic) com a arte e com os valores do sistema clássico europeu. Uma leitura corriqueira é percebida: como é o encontro, ou como é o acesso da arte indígena contemporânea ao sistema de arte geral? Refazendo o caminho da pergunta, ressignificamos as respostas. Entende-se com essa pergunta que os istema de arte seja algo que realmente não compreende, no sentido de não conter, a arte dos indígenas. Percebe-se também que o sistema de arte de natureza ocidental não vê, não percebe e não faz qualquer relação com seu próprio paralelo: o sistema de arte indígena, digamos assim. O sistema de arte europeu desconhece e, portanto, não reconhece que entre os indígenas há um sistema de arte próprio, com sentidos e dimensões próprios.

A arte indígena contemporânea seria essa força-poder de atração, ou mesmo atracação. Uso um termo-metodologia empregado pelos europeus e que ainda hoje é utilizado para atrair aquele intocável selvagem desconhecedor misterioso para um encontro futuro decisivo. Colocamos um pote de mistério na borda da floresta escura e esperamos que alguém venha buscar e paulatinamente vá adquirindo confiança para um encontro pessoal à luz da arte maior. Vivemos com a arte indígena contemporânea um real encontro com o Brasil do momento em relação ao sistema de arte prevalecente. Ao receber o convite para escrever sobre o assunto para esta revista, eu não poderia começar com outra abordagem. Digo que isso significa um avanço dentro de uma lógica de resistência e de uma lógica de legitimidade que a arte indígena obtém por força própria. Minha contribuição é no sentido de oferecer ao leitor-pesquisador uma visão panorâmica do momento grandioso em que estamos envolvidos.

## O sistema me absorveu

Hoje, no Brasil, posso bem representar o encontro do sistema de arte entre os indígenas com o sistema de artes lobal no contexto contemporâneo. Falo do reconhecimento que tenho a partir de minha identidade indígena. Falo com a potência que tem a força do meu trabalho. Falo desse boiar no agora com toda essa conquista e partilha abertas. Hoje sou um artista reconhecido com prêmios. Hoje posso dizer que o sistema de arte global já me absorveu. Hoje tenho tudo o que precisa e a que se propõe a indústria cultural. Hoje escrevo a partir de uma experiência de vivência profissional nos Estados Unidos, além de experimentar a função de galerista. A exposição midiática máxima de um trabalho artístico em ambientes polivalentes me dá surpreendente vantagem. Atuar na internet e ir pessoalmente ao encontro do povo me possibilita ler realidades estratifica-las em possibilidades de análises sobre um Brasil em si, um Brasil em relação à América Latina e em relação ao planeta.

Nessa leitura da realidade atual, a arte entre os indígenas representa em sua máxima capacidade o acesso ao mundo complementar que representa a falta de sentido que há no mundo moderno, no mundo-força que dominou e em que se evidencia o colapso. A arte indígena contemporânea nesse sentido está para muito além das molduras e estruturas. A arte indígena contemporânea purifica-se filtrando em si mesma com a força da espiritualidade, seu núcleo. A arte indígena encosta na arte geral enquanto sistemas próprios, mas elas não se fundem nem se confundem totalmente, a priori.

Os propósitos da arte indígena contemporânea vão muito além de assimilar e usufruir de estruturas econômicas, icônicas e midiáticas. A arte indígena contemporânea é, sim, um caso específico de empoderamento no campo cosmológico de pensar a humanidade e o meio ambiente.

## O elemento colonizador

Como pensar a arte indígena em contato com a ideia de cultura brasileira? Arte e indígenas é um passar performático ao longo do tempo e da geografia e para esses sentidos temos que abordar o elemento colonizador.

O indígena aparece primeiro nas cartas enviadas para a Europa, logo após a chegada dos primeiros navios. Ele aparece em representações de artistas europeus numa cena de primeira missa. Assim é o encontro do sistema de artes europeu com os artistas selvagens. Para os nativos, a arte sempre será outra coisa além. O indígena é posto a cantar na catequese, é posto a ilustrar documentos de pesquisadores das mais diversas áreas de conhecimento. Sobre esses artistas pouco é falado.

Devemos atender a um sentido a mais. Quando a arte indígena encontra o sistema de arte global, a assinatura do artista ou do coletivo de artistas é requerida. É requerido algo emoldurável para o que nunca caberá em molduras. Esse atributo de valor influencia e faz toda a diferença no contexto contemporâneo.

O tempo passa e o sentido de arte entre os indígenas sofre severas influências da colonização. Aqui devemos pensar o conceito de arte indígena contemporâneo como algo estendido para todas as realidade que temos hoje no Brasil. Como pensar esse conceito sem compreender e aceitar que ainda hoje nas florestas remotas da Amazônia brasileira há "tribos selvagens" sem qualquer contato com essa ideia de mundo? Que, entre elas, a arte tem seu sentido próprio? Em certo ponto, sinto-me em atuação performática para além do figurativo. Não seria exatamente uma total abstração, mas um sentido corpóreo e bem definido para o que é exigido da arte indígena contemporânea para o tempo agora.

A arte indígena contemporânea chega em ícones corporificados e depurados em uma trajetória de representação até um estado pleno de identidade cosmo-consciente. De Chico da Silva, artista mestiço, já temos mais energia que em Tarsila do Amaral. Nossa literatura já ão é mais tão colonizada e hoje somos vistos como autores em salões nobres. Não é possível concluir este texto sem abordar Macunaíma e logo chama-los para conhecer meu avô Makuiamî. Aqui temos outro paralelo multidimensional para todos que se aventurarem a abordar um assunto tão alheio como a arte indígena contemporânea. A consciência de um buscar além das referências habituais.

## Desenhando a política

Definitivamente, a juventude indígena artista do Brasil vem com todas as forças a que acessam ao entregarem seus talentos sem reservas a uma sabedoria maior. Hoje surgimos desenhando a política tão bem ilustrada por Ailton Krenak em sua performance de pintar o rosto com jenipapo no Palácio do Planalto, ao defender o indígena na Constituição de 1988. A arte indígena contemporânea vem juntamente com tudo o que há de tecnologia. O livro de Davi Kopenawa Yanomami – *A queda do céu* – é uma bíblia. Temos o Coletivo Maku, com exposição na Fundação Cartier, em Paris. No salão da Bienal de Arte Naïf do Sesc Piracicaba-SP, o maior do país, temos Carmézia Emiliano como a mulher artista mais premiada. Carmézia é indígena Makuxi e está totalmente absorvida pelo sistema de arte internacional. Embora seja grande em seu fazer, a artista é pouco conhecida e mesmo a arte naïf continua em uma posição periférica em relação ao eixo do sistema. Em 2016, tivemos três artistas indígenas indicados ao Prêmio PIPA. Desse feito temos eu, Jaider Esbell, como vencedor do Prêmio PIPA 2016, e Arissana Pataxó em segundo lugar. Também foi indicado Ibã Sales Hunikuin representando o coletivo Maku. Essas evidências são pontos fundamentais para todos os atentos que buscam estar a par desse encontro de sistemas. Devo dizer que meu atuar ecoa para um sentido de arte que puxamos para nós indígenas em relação ao grande mundo. Fazemos política de resistência declarada com a arte em contexto contemporâneo aberto. Em contexto fechado, ressignificamos nossas estruturas culturais e sociais com arte e espiritualidade em um mútuo alimentar de energias para compor a grande urgência de sustentar o céu acima de nossas cabeças.

# A HORA DA ONÇA BEBER ÁGUA

Publicado originalmente no blog do autor,
em 5 de fevereiro de 2018

Bom dia! Chega a hora da nossa onça beber água. A onça, o maior em nossa natureza. A hora da nossa onça beber água é algo que talvez só aconteça uma vez na vida. Em resumo é o momento crucial para a nossa evolução ou fim em fracasso. É o momento da onça reconhecer que sábio mesmo é o jabuti. A hora da onça beber água é quando ela tem que olhar para si mesma, no espelho d'água e ela estará exausta, fraca e vulnerável. A hora da onça beber água é um momento de extrema renúncia e profundo altruísmo. Resiliência, e altas habilidades são de fato requeridas nessa hora. Quando se passa pelo momento da onça beber água, e ela passa, é o amor na guerra, a trégua e a garantia de plena natureza eternamente viva.

Parentes, eu vou sair. Vou sair nu e eles vão perguntar por vocês, vão querer saber sobre vocês. Vou dizer: perguntem a eles, eles estão lá no norte da Amazônia, esparramados no pé do monte Roraima. Eles estão todos lá, são sobreviventes. Se, felizes ou tristes, perguntem a eles. Se satisfeitos ou decepcionados, perguntem.

Olha eles aqui ó, na arte, vê na geografia? Podem estar sadios e mortos. Vamos, acessem a internet, escrevam no Google – GARIMPO MATA A AMAZÔNIA. Eu poderia te enrolar, desconversar, te contar mitos, fazer desenhos coloridos. Poderia falar de qualquer coisa, mas eu não vejo TV, não discuto politicagem, nem gosto de futebol. Eu só insinuarei: Talvez eles sejam como vocês. Tipo assim ó: Os açougueiros não se entendem porque têm facas. Os ignorantes têm insultos. Os amores têm seus ciúmes. Os deuses querem melhor aos seus e por aí em diante.

Talvez falte diálogo, entendimento, trabalho, compreensão, compromisso. Mas, o que aparece mesmo é a felicidade: essa se sobressai. O povo tem uma tendência à felicidade. É a desgraça que torna aquilo mais vida? Essas coisas boas de ver, de fazer, sentir. O índio tem flechas, mas não floresta. Conhecimento. Vamos encher o nosso livro de prazer e dor e dar para a ciência. Vamos estar nas estantes virtuais, encaixotados como mercadoria sem venda. Vamos ser bibliografia, papel pros brancos e nossos filhos cheirarem.

Tudo parecia bem mas, os bens de uns são as ruínas dos outros. Os minutos passam e é a própria eternidade. Ninguém vê ou sente a agonia banalizada. Nessa primeira abordagem já está claro? Claro, não vou contar o segredo de ninguém. Minha mãe nunca me disse: não fale com estranhos. Ela sabia. Todos somos estranhos. Então seria melhor não dizer nada, pois sabia. Logo eu saberia.

Hoje, estou aqui e vou te dizer: gosto mesmo dos estranhos. Eles são nossos reflexos e você sabe, reflexos encantam, e haja vida para buscá-los. Direi eles estão lá, e eles virão pra ver se eu sou eu mesmo ou só um mentiroso a mais no parlamento. O despertador tocou. Trocamos nossa cultura, não levantamos mais na lua.

– Senhor Jaider Esbell – O seu embarque é o próximo!

– Eu: muito obrigado! Vamos parentes!

# COSMO-VISÕES

# MAKUNAIMA - MEU AVÔ EM MIM

Publicado originalmente na revista Iluminuras,
UFRGS, 2018

Eu aconteço, artisticamente falando, acredito, dentro de um processo que nos convida a pensar criticamente a decolonização, a apropriação cultural, o cristianismo, o monoteísmo, a monocultura e todos os dilemas do existir globalizado. Ou não? O meu surgimento vem junto com a expectativa que se cria em volta de outro termo, no Brasil ao menos, a arte indígena contemporânea. Não a moderna, a passada e extinta, nem a por vir, mas a deste início do século XXI.

Adianto que não ando só, que não falo só, que não apareço só. Faço saber que toda a visualidade que me comporta, todas as pistas já expostas do meu existir são meramente um passo para mais mistérios. Somos por nós mesmos o poço de todos os mistérios. Faço saber ainda que não temos definição, que viemos de um tempo contínuo, sem estacionar. Antes, faço saber que buscamos os sentidos mais abstratos, tratamos de outros tratos bem firmes nessa passagem. Antes mesmo, devo dizer que tanto meu avô Makunaima quanto eu mesmo, parte direta dele, somos artistas da transformação.

Surgimos junto com a arte e todos os desafios do grande existir e suas mais claras urgências individuais e coletivas. Surgimos no aparente caos, como é mesmo descrito entre os grandes Xamãs do mundo e um quase consenso na ciência, em termos de rumos para a humanidade tal qual. O prenúncio matemático do fim do mundo é também um cenário de nossa aparição. Como produto, também desse tempo, tenho a ideia de que a colonização foi um processo, embora saiba que trata-se de um ato contínuo.

Assim, olhei para todos os lados e vi meu o avô no horizonte. No horizonte está claro também que não haverá cultura tampouco vida – e vida de qualidade, muito menos – para quem quer que seja em nada sendo feito. Não é possível, caso não rompamos alguma membrana extra do agora, pensar uma ideia de futuro em questões de nossa ligação espiritual com a terra e com o nosso lixo. Adianto, Makunaima não é só um guerreiro forte, másculo, macho e viril distante de uma realidade possível, não senhores. Ele é uma energia densa, forte, com fonte própria como uma bananeira.

A ideia inicial da construção deste texto me fez pensar profundamente os propósitos da ciência em fazer da arte um instrumento de estímulo ao pensamento. Visto que bem ocupo um lugar privilegiado de trabalho não me furto em deixar pistas ou acessos para que todas as questões maiores estejam contempladas. Falamos em desconstrução? Gênero, sexualidade e o extrapolar de mundos serão temas recorrentes pois fazem parte da vida e para a arte tudo é mesmo substância. Ter a liberdade na escrita não quer dizer muito quando o mundo precisa de outros meios possíveis para se traduzir em si mesmo. Há esse agenciamento na educação escolar? São questões que nos apetecem. Empréstimos temos que fazer a todo o momento. Empréstimos que já vêm de longe descaracterizando as coisas, as energias e não queiramos nós ter a essência das coisas pois estas coisas não estão para nós a menos que elas mesmas nos sucedam.

Ensaio escrever para socializar um pouco o socializável da minha relação com meu avô, esse que não é gente exatamente para não sê-lo. Portanto Makunaima é meu avô e o gênero, a forma e o conteúdo têm seus lugares de ação como vamos citar sempre, pois são fundamentais, mas é preciso ir além. Makunaima está além e prova isso ao transformar-se continuamente. Não, ele não é transformista. Vamos dissociar aos poucos o existir-atuação de Makunaima dos efeitos cognitivos do gênero em nossas mentes. Sim, nas mentes.

Então Makunaima me aparece primeiro colonizado? Eu nem bem apresentei o meu avô e já lhe convido a ir além do gênero, além do tempo. É que vamos ter que visitar um outro mundo. Isso eu também devo lhe avisar. Devo lhe avisar que estas estórias são parte da minha vida e que realmente Makunaima é meu avô; isso é um fato. Makunaima e muitos outros vovôs são daqui do extremo norte da Amazônia. Nós temos uma história e uma geografia. Somos parentes diretos. É uma relação biológica, genética, material e uma parte substancial em espírito, ou energia.

Eu, quando assumo e reivindico o meu laço familiar com Makunaima, estou convidando a ir ao além no discutir decolonização ou colonização. Quando tomo isso como um argumento quero dizer que é parte minha querer que em todas as partes estejam algum extrapolar dos discursos. Quando faço isso publicamente em um lugar estratégico, com arte, acredito estar sendo paradidático. Pois sou artista e enquanto pessoa aplico minha revelação, fruto de minha pesquisa, em minha vida plena sendo esta também pesquisa de minha pesquisa.

Um sentido para a existência da Pan-Amazônia e seus povos passa nas mãos de Makunaima. Existe, onde me empenho em levar, um pleno sentido para além dos factoides sobre a preguiça e a falta de caráter do Macunaíma. De fato nem quero falar destas questões, embora tenham sido elas que nos trouxeram para este ponto. Existe todo um entremeio não de explicação mas de possibilidade de entendimento. Sem adentrar as portas das cosmovisões dos povos originários não há como discutir decolonização. Sem considerar as culturas mexidas e hoje abertas para a discussão com parte humana representada não há como discutir fronteira alguma.

Desde antes das anotações de Theodor Koch-Grünberg até o caso de Macunaíma estar na capa do livro e ganhar o mundo também com o cinema, caminhos para a decolonização podem ter sido deixados. Acredito que haja outro momento para além do oriente e ocidente se juntando para tentar encapsular o pensamento. Ganham novas dimensões quando velhos termos são postos em outros contextos. O caso é que vivemos em estado de arte e o passeio em outros mundos é apenas uma forma de como podemos pensar e experimentar a tão falada decolonização.

Makunaima e decolonização soam termos soltos no meio da multidão, ou seja, o povo, aquele a quem nós midiáticos buscamos. Ou não? Acontece que Makunaima expôs-se em Macunaíma para ser parte da cultura disponível. Uma vida inteira a esse propósito é anunciada para a contextualização mínima. A minha relação com meu avô será o nosso passeio. Makunaima no círculo que este texto alcança é, ou poderia ser, minimamente conhecido por sua parte exposta antes na arte, no mundo.

Tanto quanto outros ou todos os atores fantásticos colonizados com nossa gente Makunaima deve ser retirado da ala dos folclores. Significativamente, Makunaima é envolvido nas leituras que são propostas por diversos influentes sobre o caráter duvidoso do brasileiro. Isso está relacionado também com a Semana de Arte Moderna de 1922, tempo de quase um século quando surgimos com mais essa demanda. O hoje e o futuro dessa gente-nação de identidade desafiadora, beirando o fantástico, de onde mesmo lhe é proposto com arte. Pena Mário não estar mais aqui para ver e sentir esses outros lados dos movimentos. Mas não tem problema, suas crias, que também o sou, estão por aqui.

Makunaima sabia sempre o que fazia; parto deste pressuposto. Ele expôs-se sozinho e em estratégia. Agora é outro tempo. O tempo que ele pensou que chegaria não levou nem um século. Onde me couber, vou. Vou além de minha relação direta com ele. Como artista também dou um salto na colonização e vou antes do tempo disso tudo. Acredito e sinto que em determinado momento posso estar em um tempo anterior, em um tempo de nossas diversidades pré-colonialistas.

Aos leitores é requerido um vácuo total interior, um nudar-se por dentro para ter espaço. Em uma grande concepção, é requerido um esvaziamento total de um ser para outro ser caber. O ser vem pleno e ele mesmo traz seu caber. O novo ser não fica portanto onde não lhe caiba pleno. Repito, não ando só, não falo só, não apareço só. Reitero, toda a visualidade que me comporta, todas as pistas já expostas do meu existir são meramente um passo para mais mistérios. Somos por nós mesmos o poço de todos os mistérios. Ressalto, não temos definição, viemos de um tempo contínuo, sem estacionar. Lembro, buscamos os sentidos mais abstratos, tratamos de outros tratos bem firmes nessa passagem. Reforço, tanto meu avô Makunaima quanto eu mesmo, parte direta dele, somos artistas da transformação.

Quando meu avô transforma algo em pedra ele não destrói. E Makunaima passa, na volta, vem transformando o que transformou na ida. Ele vem sempre em outra forma. Quando Makunaima ao caminhar na savana deu de cara com uma pedra grande, branca, não hesitou, parou diante da pedra e transformou-a em um touro. Makunaima tinha poderes e decisão para transformar a pedra em touro e assim o fez. Ao transformar a pedra em touro, o touro, ao ver Makunaima, lhe atacou. O touro atacou seu criador como a uma criatura. Makunaima lutou com o touro. A luta foi brava. Por fim o touro passou a conhecer Makunaima e passou a amá-lo como seu paralelo, como algo parte de si mesmo. Ele cria as coisas com suas decisões. Tudo o que ele vê, tudo que toca, passa a receber um outro tipo de ação, um outro tipo de energia, algo que desencadeia um mover em seu ser, no ser que foi tocado.

Makunaima como disse dispensa uma forma, um gênero, uma gênese. É um estado de energia que se cria e recria em si mesmo como uma bananeira que não precisa de par. São as cobranças mundanas de nossos humanos sentidos que nos exigem uma referência lógica. Eis que Makunaima experimenta uma forma de materialidade, de sonoridade, de sensitividade acessível aos seus descendentes, como uma ideia de gênero, por exemplo. Ele vem então em muitos estados transitórios, passa a aparecer além da oralidade, além do mito. Desce de seu estado supremo flechado por seu orgulho superado; quando enxerga-se além de seu orgulho e depois de todo o seu sofrer essencial. Ele rompe todos os limites, subverte todos os conselhos, deixa beijada a mão do seu avô, o jabuti, e vai ao encontro do pai de todos nós, o universo.

Do universo Makunaima vê a Mãe Terra e, de lá, se entristece. Por lá Makunaima quer estar, mas a mãe lhe suplica e ele não suporta o clamor de sua mãe, e volta. Desce para encontrar sua família. Vai ao lugar de origem e vê as flores em botão. Uma dessas floradas darão grandes poetas. Eis que Makunaima vai, uma a uma, para conferir. Alegre está e ao passar perto de minha rede lhe puxo pelo dedo. Ele me vê. Seus olhos brilham e me absorvem. Fiz-me em meu avô, somos agora um só, de fato. Antes desse momento fotografia e dentro dela estamos eu e meu avô em constante movimento. Estamos em constante passagem e nossa origem comum é desconhecida para muitos, mas há o caminho vivo a que se quer chegar.

Entro em associação nesse texto como não podia ser diferente. Sou neto direto de Makunaima. É uma relação de família, algo íntimo e sagrado que só mesmo o respeito pode aproximar. Então, sou artista assim como meu avô; sou meio como o meu avô. Seguro no dedo do meu avô e vamos seguindo. Com o tempo vou crescendo e meu avô Makunaima vai diminuindo e vamos indo até ele virar criança e eu me tornar um velho e inverter a lógica da vida e da existência seguindo assim para sempre. Eis que tudo então é só o instante e logo já estará passando a outra coisa.

Essa é a nossa linguagem, um ato contínuo em si mesmo, a transformação. Lá, antes de vir o outro, a conjuntura era a conjuntura de lá. Uma origem em si mesma, um recurso próprio do grande ato, a criatividade. Surgimos com o tudo, do nada. Trouxemos a origem do mundo e foi para todos que surgimos. Surgir é uma palavra emprestada. Quando agora emprestamos tudo para desencantar. Desencantar é um estado transitório diretamente relacionado ao ato de destruir o que logo foi associado ao meu avô em sua grande jornada pelo mundo; a falta de caráter e o desdém por tudo.

Antes de um século apenas nós estamos no rastro dele, sempre. Estou aqui para resgatar meu avô, levá-lo pra casa pra cuidar dele. O ser que sou, eu mesmo, é homem, um guerreiro pleno de 1,68 metros, 82 kg, 39 anos. É livre como deve ser. É livre como é meu avô Makunaima ao se lançar na capa do livro do Mário de Andrade. Ele se deixou ir; foi o que me disse em uma de nossas inúmeras conversas de avô e neto. Assim me diz ele:

- Meu filho eu me grudei na capa daquele livro. Dizem que fui raptado, que fui lesado, roubado, injustiçado, que fui traído, enganado. Dizem que fui besta. Não! Fui eu mesmo que quis ir na capa daquele livro. Fui eu que quis acompanhar aqueles homens. Fui eu que quis ir fazer a nossa história. Vi ali todas as chances para a nossa eternidade. Vi ali toda a chance possível para que um dia vocês pudessem estar aqui junto com todos.

Agora vocês estão juntos com todos eles e somos de fato uma carência de unidade. Vi vocês no futuro. Vi e me lancei. Me lancei dormente, do transe da força da decisão, da cegueira de lucidez, do coração explodido da grande paixão. Estive na margem de todas as margens, cheguei onde nunca antes nenhum de nós esteve. Não estive lá por acaso. Fui posto lá para nos trazer até aqui.

Foi o meu avô que contou tudo isso pra mim. Ele não tem segredo nenhum comigo e foi mesmo ele que mandou lhes falar. Foi mesmo ele que me autorizou a citá-lo, a reivindicá-lo, a cultivá-lo, vivê-lo, ressuscitá-lo.

Minha relação com meu avô Makunaima é muito forte por meio da arte e por meio do sangue. Sim, temos o mesmo sangue, a mesma astúcia, o mesmo caráter. Eis o grande artista Makunaima, o grande ser incompreendido. Eu mal nasci e fui alçado pelos pés com o pulo que meu avô deu para me alcançar.

Ele me disse:

- É você mesmo. É você que eu esperava para me acompanhar.

Então me mostrou o caminho. Mas eu era apenas uma criança e não sabia de fato o tamanho do meu avô, que logo me levou escanchado no ombro a cruzar os primeiros montes. Foi assim a minha introdução no mundo, meu avô foi me mostrando.

Só nesta vida já são mais de trinta anos de um caminhar diário em sua própria origem e trajetória. Meu avô me contou que provou a fruta proibida. Me contou que a fruta proibida nada mais é que a coragem. Me disse que o exemplo maior para nosso entendimento contemporâneo foi lançar-se na capa do livro.

Quando Makunaima decide lançar-se na capa do livro sabia o que estava fazendo. Meu avô sempre sabia o que estava fazendo. Não tinha escolha, era sua vida a acontecer. Makunaima deu o grande salto, comeu inteira a fruta proibida. Quando Makunaima decide expor-se faz estremecer o universo, algo novo realmente surge, algo urge latente no universo. Nada mais seria como antes, a decisão estava tomada.

Quando, de outro tempo, Makunaima precisa expor evidências de suas decisões universais, nos conta sobre o corte da grande árvore Wazak'á. Sim, outro ato grandioso, determinante para a pan-origem de todos seus filhos; e é dele a decisão. Ele cortou a grande árvore para o existir de todos esses que se espalham na vastidão da verde floresta de hoje. Cortou a árvore para dar vida também aos habitantes da savana, aqui nesta parte do mundo. Havia fome, escassez, quando a natureza mostrou para Makunaima e seus irmãos as grandes árvores. Foi o Deus maior, que é a Natureza maior, que por meio da cutia mostrou a Makunaima a grande árvore de todas as frutas e sementes. Não, não era apenas uma, mas, simbolicamente, ficamos com a maior, a mais imponente, a primeira.

A árvore do bem, que ao tombar levou ao chão também a árvore dos mistérios, a árvore dos outros seres, a árvore proibida que ainda hoje existe o tronco ao lado da árvore da vida derrubada por Makunaima. A natureza deixa portanto Makunaima diante da grande árvore. Deixa ele lá com o pescoço virado para cima vendo e analisando se vai mesmo tomar a grande decisão. Makunaima está parado medindo seu existir. Com o machado na mão toca o tronco da árvore e recebe um choque. É um sinal para o corte. Ele teria a coragem. Makunaima dá os primeiros golpes e então seus irmãos convencidos do ato seguinte o ajudam na jornada. Depois de muito tempo a grande árvore vem ao chão e o mundo se recria, se re-transforma ainda mais.

O ato glorioso e transgressor de derrubar a árvore encantada é só mais um momento, mais uma decisão, uma atitude universal. É preciso fatiar o tempo para o mínimo entendimento. É preciso ouvir o silêncio-pensamento de Makunaima entre uma machadada e outra. Não era o mero ato de cortar; era por a vida em outra dimensão. Em todas as passagens que me conta meu avô sobre seu lançar-se sobre a vida é nesse sentido. O estar diante da possibilidade e o ato seguinte vêm com a grande decisão.

Quando Makunaima decide estar na capa do livro, sabia que a partir daquele momento sua vida ganharia outra dimensão. Sabia da grandiosidade do ato dessa representação de realidades ainda a vir a se extrapolar. Sabia da importância dos ícones na cultura que havia chegado. Sabia dos limites e da gana daquele povo. Sabia da sua missão e foi. Foi para o livro, foi para o cinema, foi sujeito e entregue para o mundo. Foi por saber, por lucidez, foi por querer. Sabia que estar na capa do livro era estar em um outro ambiente. Sabia que em um mundo carente de deuses e bondades sua imagem estaria sendo associada a algo ainda não vivido mas bem conhecido. Sabia de tudo, sabia de todas as etapas sentidas até seu pleno fazer que é o agora.

O endeusamento de Makunaima lhe permite viver ainda mais as amarguras necessárias para o triunfo que virá. O herói sem nenhum caráter estava pronto para abrir os braços bem abertos ao mundo e receber sua chuva de flechas, suas estocadas contínuas e esse projetar nos indígenas por todo o existir. Nos preservou se entregando, se fazendo caça ao caçador. O surgimento, o encantamento, a máxima sucção e o abandono de meu avô como um inútil trapaceiro chega ao fim aparentemente. O martírio, algo de mártir é sentido na vida de Makunaima, é mais sabedoria e prazer absoluto de um outro tipo de amor; não por ele.

Makunaima é um ser pleno de coragem. Aparece humanizado. É tido como homem e em parte da aparição é visto como sem qualquer compromisso com a vida e com o amor. É mostrado seco, mal, do tipo perverso, detentor de péssimas qualidades, mesmo como um reforço à ideia de machismo e patriarcado. E foi exatamente o que aconteceu, ao estar alçado ao topo da visibilidade meu pequeno avô vai ao encontro do trovão, vai ao centro do fogo e chega mesmo a tomar chá com Deuses e Demônios. Makunaima foi ser sua jornada.

A máxima exposição de Makunaima reflete severamente para dentro da floresta a ideia leviana de um tipo curioso de monoteísmo. Vieram os ismos, o cristianismo especialmente. Reflexos de todos os tons de existência incidem em Makunaima que os recebe com contra-reflexos. Seria Makunaima o grande Deus, o maior e mais perverso, pois foi essa a tentativa imperativa de extrair-impondo por força tal identidade. Foi essa a proposta enviesada, que tanto se festejou, esse fracasso de sentimento que é a cara falida da cultura brasileira. Foi um fracasso humano, uma leitura mundana sem profundidade.

Em lugar nenhum pode caber o que não tem alma para caber. Não tem substância para caber os dilúvios de Makunaima em mais uma vez desconstruir e construir. É função atual de Makunaima, em sua nova vida, desmentir. É papel de Makunaima pelo poder que lhe foi atribuído, devolver. Devolver as visões que sua aura, luz super poderosa, roubou por encantamento. Meu avô vai devolver tudo; vai devolver o porquê de todas as histórias, a simplicidade da vida. Makunaima vai tirar de si os olhos penosos do mundo e direcioná-los para a natureza. Makunaima se volta em guerreiro do inconformismo como unicamente é e vai mostrar aos donos de cada coisa a alma-espírito de cada coisa.

Voltamos a entrar pelas mesmas portas abertas, as veias abertas no mundo dos desconhecidos. Mais curiosidade para chamar à memória, mais movimento para ir além. Mais um tempo para novos olhares. Mais política e tecnologia, mais magia e outros espetáculos. Vivemos em estado de arte e assumimos isso. Viemos de outras estruturas para nos fazer cabíveis aqui nessa ideia de tempo. Os caminhos deixados por meu avô se abrem para outros passeios, tempos de outras festas. Onde ele foi posto em desuso é o nosso destino ir além mostrando novas frestas. Devo acompanhá-lo em seu revisitar, atravessar de volta de onde fui alcançado para reaprender. Ouvir a vida no caminhar de meu avô e traduzir, vivendo como ele quiser e o que ele quiser, na dimensão que me couber. Estaremos em tom de universo, cor de terra verde de floresta em arte em seu estado máximo de fluidez.

Todas as visões são transitórias e há mais de um em mim. Nunca haverá uma conclusão e minha passagem é tão temporária como essas aparentes demandas e suas urgências. Relembrar detalhes essenciais são fundamentais, portanto. O fato que saímos recentemente da plena oralidade, de um mundo mais de sentimento que de sentidos literais, pesa muito nessa equação. O fato de vivermos em estado de colonização permanente também tem seu fator obrigador a nos motivar a estar em um além das coisas. Caminhamos abertos junto com os grandes temas do mundo, a fé, a educação, a cultura, o gênero. E também acreditamos por nossa natureza fortemente espiritual que nossa arte pode dar alcances. Alcances outros como a nós foi dado muito ou tão pouco tal qual seja ao menos compor ativamente a grande diversidade para sempre.

* 9 7 8 6 5 8 6 9 6 2 3 3 8 *